MARIO FORTUNATO
STADT IM HALBSCHATTEN

AUS DEM ITALIENISCHEN
VON ANDREAS BEYER
UND EVA LUDWIG

FRANKFURTER
VERLAGSANSTALT

Titel der italienischen Ausgabe:
Luoghi naturali

Erste Auflage 1989

Satz: Fotosatz Reinhard Amann, Leutkirch
Druck und Einband:
Franz Spiegel Buch, Ulm
Printed in Germany
ISBN 3-627-10065-4

Dem blühendsten
Mandelbaum ist der Tod inne,
eine innere Parze,
zarte Raupe.

Luis De Góngora

INHALT

DIE ERSTE SZENE

Das erste Mal, glaube ich, liegt sehr lange Zeit zurück. Damals lebte sie noch mit ihrem Mann auf dem Lande, kam aber fast täglich in die Stadt. Sie schien glücklich oder versuchte zumindest, diesen Eindruck zu erwecken, auch wenn sie, bedenkt man es heute, immer eine große Einsamkeit zu verbergen suchte – äußerst beherrscht jedoch, sie sorgsam pflegend. Das wurde einem vor allem dann bewußt, wenn sie, den Blick ein wenig gesenkt, sagte, daß sie gerne ein Kind zur Welt bringen wolle. Sie hat nie Kinder gehabt, und wer weiß, ob sie später immer noch daran gedacht hat, ob sie, wenn sie davon sprach, noch immer die Augen niederschlug. Sie war schön, wenn sich dieser Ausdruck auf ihr Gesicht legte.

Was sie jeden Tag hier zu tun hatte, habe ich nie ganz herausgefunden, vielleicht wußte auch sie es nicht genau. Sie sagte: »Ich mag es, alleine im Wagen umherzufahren. Das ist alles«, und wechselte das Thema. Eine bestimmte Gegend der Stadt gefiel ihr mehr als alle anderen. Es war ein abgelegenes Viertel mit sehr wenig Grün, das sie an London erinnerte mit seinem Gemisch aus städtischer Unordnung, innerhalb dessen jedoch alles rechtwinklig und linear angelegt war. Viele Male habe ich sie mir vorgestellt, wie sie ziellos die Straßen und Plätze dieses Stadtviertels durchstreifte, in der freudigen Erregung, ihren Ursprüngen nachzuspüren, und sich gleichzeitig als Fremde zu erfahren. Und ich habe an ihre erste Begegnung wie an etwas Magisches gedacht. Sie hat davon, glaube ich, nur zwei- oder dreimal in Andeutungen gesprochen, dabei stets unverhofft innehaltend, wie jemand, der im Begriff ist, ein Geheimnis zu verraten. Oder vielleicht sogar eine Lüge. Manchmal tat sie so, als fände sie keine Worte, und sagte: »Mir fehlt das Italienisch.« Dann strich sie sich durchs Haar, bündelte es zu einem Schwanz, um es plötzlich wieder fallen zu lassen. In diesen Gesten lag etwas Maßvolles, das mich anzog: ich sah, wie sie sich in ungeahnte Gefühle verlor. Und jedesmal glaubte ich mich in ihre Hände zu verlieben, oder in ihre Haare, vielleicht sogar in die Bewegungen selbst: Mir schien, als ob ihr ganzes Sein in diesen präzisen, leicht verhaltenen Bewegungen aufgehoben war.

In jener Gegend der Stadt gab es (und gibt es natürlich noch immer) ein Krankenhaus. Dort hatte sie eingewiesen werden wollen: vielleicht erschien es ihr wie ein Tribut, wie eine natürliche Hommage an die Orte ihrer Pilgerfahrten. Es ging ihr damals nicht gut. Ihre zarte Gesundheit schien von irgendeinem Erreger gebrochen worden zu sein, der sie durcheinanderbringen, vom Kopf bis zu den Füßen verwirren wollte. Tagelang fühlte sie sich schwer und aufgedunsen, sogar ein wenig in den Bewegungen gehindert. Sie hatte dem keine Aufmerksamkeit widmen wollen. Vielleicht neigte sie dazu, jene Schwellung, die sie in der Blasengegend spürte, den kleinen Verstimmungen, den ersten, noch unsichtbaren Rissen ihrer Ehe zuzuschreiben. Auch ängstigte sie die Vorstellung, sich an einen Gynäkologen zu wenden. Sie sagte: »Die stülpen dich um wie einen Strumpf.« Eines Nachts jedoch, auf dem Lande, war sie wach geworden von etwas Feuchtem, Warmem, das sie in ihrem Bett spürte. Sie verlor viel Blut. Sie war beunruhigt und dachte, daß es der Beginn einer ungewollten Schwangerschaft sei. Ihr Mann war nicht zu Hause, und sie erwartete ihn auch an diesem Abend nicht zurück. Sie versuchte, die rätselhafte, plötzliche Blutung, so gut es eben ging, zu stillen: Sie legte sich einen feuchten Lappen zwischen die Beine und preßte sie angestrengt zusammen. Um dem Schmerz, dem gesamten körperlichen Unbehagen zu wehren, weinte sie, ganz leise, als befürchtete sie, man könne sie hören.

Die Blutung wiederholte sich nach wenigen Stunden. Zwischendurch hatte sie sich absurderweise eingeredet, liegenbleiben zu müssen, als ob das Blut, durch den Verzicht auf jede Bewegung, seine Ruhe finden würde und danach verlangte, in ihrem Innern zu bleiben. Während sie die Gegenstände im Halbdunkel des Zimmers betrachtete, stellte sie sich vor, in eine anatomische Lehrtafel verwandelt zu sein, auf der fremde Hände umherforschten, ihre Finger einmal auf die blau eingezeichneten Venen, ein anderes Mal auf die feuerroten Schlagadern gerichtet.

Nach den Untersuchungen, den Ultraschallbildern (ein Wort, das, genauer betrachtet, sie an die Existenz einer wissenschaftlichen Poesie denken ließ, die sie sich zuvor nie hatte vorstellen können), nach den Ratschlägen und Ängsten hatte sie beschlossen, sich in diesem Krankenhaus operieren zu lassen. Alles in allem war ihr der Ort, so nahe dem Platz mit der großen Kathedrale und den Alleen, die sie so sehr liebte, vertraut, in gewissem Sinne familiär. Durch ihn fühlte sie sich beschützt, sicher. Selbst die Operation, der sie sich zu unterziehen hatte, machte ihr nun weniger Kummer als erwartet: sie würde für immer auf eigene Kinder verzichten, im Austausch mit einer paradoxen Geburt ihrer selbst. Von nun an wäre sie allein ihre Nachkommenschaft.

Das Zimmer liegt auf der rechten Seite, gleich hinter der großen Glastüre mit der Aufschrift: II. MEDIZIN – FRAUEN. Sie ist alleine dort angekommen: Den blauen Ritmo parkte sie in der Nähe des Krankenhauses, kaufte Zeitungen und erledigte die Aufnahmeformalitäten. Die Personalien hat sie angegeben, als wären es die einer anderen Person, einer Bekannten, und hat sich schließlich von einer Krankenschwester in ihr Zimmer führen lassen. Nur die Tatsache, daß das Geschwür schon am übernächsten Tag aus ihrem Bauch entfernt werden soll, irritiert sie ein wenig. Sie hätte es, glaube ich, vorgezogen, sich zuerst an diesen Ort zu gewöhnen, Zeit zu haben, ihre Zimmergenossin und den einen oder anderen Arzt kennenzulernen. Sie hatte sich auch vorgenommen, die Abteilung zu erkunden und alles aufzunehmen, als wäre sie eine Art Inspekteur, dabei die Unzulänglichkeiten vermerkend oder aber die recht anständige Verpflegung lobend.

In ihrem Zimmer liegt ein Mädchen von zwölf oder dreizehn Jahren, das unter einer Lawine von Decken auszuruhen scheint. Sie versucht, keinen Lärm zu machen, ihre wenigen Kleidungsstücke so leise wie möglich zu verstauen. Das Mädchen war aber trotzdem wach geworden und sagte: »Guten Tag.« Sie antwortete: »Ich hoffe, dich nicht gestört zu haben.« »Nein, nein. Sind Sie Ausländerin?« Sie hatte genickt und sich vorgestellt: »Wir werden einander Gesellschaft leisten«, hatte sie hinzugefügt.

Das Mädchen heißt Franca; es ist blaß, die Haare kleben an seinem Kopf wie eine Perücke. Es hat gesagt, daß es schon seit einiger Zeit hier sei: »Sie haben mir eine kleine Maschine für das Herz eingebaut. Und was hast du?« Ohne es zu merken, war Franca vom Sie zum Du übergegangen. Das hatte ihr gefallen, sehr sogar. Sie antwortete: »Eine Kleinigkeit. Morgen werde ich operiert.« »Angst?« fragte Franca. »Soso.« Aber mehr, als sie Angst hatte, dachte sie, sorgte sie sich um Silvano.

Der Arzt hatte gesagt: »Sie brauchen sich keine Sorgen zu machen.« Zwischen ihr und dem Arzt, der sie operieren sollte, war ein langes, schwieriges Schweigen eingetreten. Er hatte es als eine Form stummer, vernünftiger Resignation interpretiert. Sie hatte gefragt: »Muß ich sehr lange hierbleiben?« »Nein, sagen wir acht oder neun Tage. Haben Sie Kinder?« Es hätte ihr gefallen, die Frage zu bejahen. Sie hätte sie dem Arzt beschrieben, von all dem Kummer erzählt, den die beiden Bälger, die sie auf die Welt gebracht hatte, ihr bereiteten. Sie hätte auch erwähnt, daß die Kleinste gerade die zweiten Zähne bekommen habe. Sie sagte hingegen nichts, tat so, als hätte sie die Frage nicht gehört, und erkundigte sich nach Franca. »Leider ist sie ein sehr krankes Mädchen«, sagte der Arzt. Sie hatte genickt und daran gedacht, wie viel Zeit zurücklag, seit sie im Alter dieses Mädchens gewesen war. In jenen Jahren wirkte sie durch ein Problem, das sie beherrschte, wie verstört. Ja, dieser Knoten war bisweilen so gewaltig und in seinem Kern so unbekannt gewesen, daß sie selbst Mühe hatte, seinen Umfang und seine Tragweite zu erkennen. Sie stellte ihn sich damals oft als ein unbestimmbares Stück Land vor, auf dem jeden Tag die Eltern, Freunde und Bekannte versammelt wurden. Jenes Stück imaginierten Landes war, in ihrer einfachen Phantasie, ihr eigener Körper. Und manchmal hatte sie, wie sie mit von Angst durchdrungener Deutlichkeit erinnerte, das Bedürfnis verspürt, selbst auch in jenem unbegrenzten Raum umherzulaufen. Es mußte etwas sehr Feierliches haben, eine Reise zu sich selbst, eindringlich und erregend. Und endlich am Ziel angelangt, phantasierte sie weiter, sich auf dem Boden auszustrecken, um auszuruhen und sich mit sich selbst vollkommen zu vereinen.

Der Doktor hat sie gefragt: »Stimmt etwas nicht?« Sie hat geantwortet: »Nein, sehen Sie, ich dachte an meine Tochter.«

Am Nachmittag rief Silvano an. Er sagte nur: »Mach dir keine Sorgen, morgen komme ich dich besuchen.« Sie dachte bei sich, daß es doch seltsam sei, daß alle ihr rieten, gelassen zu bleiben: es schien ihr sogar, daß sich hinter dieser allgemeinen, unverbindlichen Beharrlichkeit ein Gran Gemeinheit, fast schon Zudringlichkeit verbarg. Sie antwortete: »Ich möchte, daß du mir meinen Walkman bringst.« Beinahe hastig hatten sie sich voneinander verabschiedet. Im Zimmer hat Franca gesagt: »Dann bist du also verheiratet.« Sie schien ehrlich überrascht, fast ein wenig betrübt. Auch sie bedauerte, es zu sein. Sie hätte es vorgezogen, glaube ich, mit niemandem eine Beziehung zu haben. Sicher aber war, daß sie von nun an keine mehr haben würde. Auf diese Weise wurde ihr bewußt, daß sie früher oder später Silvano verlassen würde. Oder aber, daß er sie verließe: das machte letztlich nur einen geringen Unterschied.

Kurz vor dem Einschlafen hatte Franca herübergeflüstert: »Wir sehen uns morgen.« Sie ist aufgestanden und zu dem Bett des Mädchens gegangen, hat ihm die Dekken festgesteckt und, überzeugt, daß es schon schlief, geflüstert: »Du bist süß, weißt du das?«

Der Schmerz hat sich wie auf Zehenspitzen fortgeschlichen. Ihr kommt es vor, als könne sie ihn lokalisieren, weit entfernt, schon außerhalb ihres Körpers. Sie hat jetzt ein seltsames Gefühl der Leere, des Verlusts: es ist etwa so, als würde sie sich selbst, noch teilweise unter Betäubung, gänzlich abwesend fühlen. Zwischen dem

Zuvor und dem unmittelbaren Danach der Operation ist ein Schatten des Schweigens gefallen.

»Wie geht's?« hörte sie Silvano sagen. »Besser, vielleicht.« Während sie spricht, spürt sie einen Riß wie beim Ziehen von Fäden.

Silvano war zerstreut, etwas nervös, blickte unausgesetzt auf die Uhr; sie hatte keine Lust, mit ihm zu reden, und bemerkte erstaunt, daß sie sich in seiner Gegenwart unwohl fühlte. Sie sahen sich wie zwei Fremde an, die durch ein Mißgeschick zufällig aufeinandergetroffen waren, unter dem Zwang, dem jeweils anderen eilfertig zur Seite zu stehen, aber nur, um die Zeit totzuschlagen, und in der Hoffnung, daß sie recht rasch vergehen möge.

Irgendwann hat sie gesagt: »Entschuldige, ich muß jetzt ausruhen ...« »Ja, gewiß«, hat er geantwortet, »ich wollte nur sagen ... ich weiß nicht, es tut mir leid.« Sie hat sich unter den Decken erhoben, hat, aber ohne es zu erkennen zu geben, einen leichten Schmerz in der Leiste gespürt, und sah, während sie seine Hände drückte, wie sich in ihrem Innern ein weiter Raum öffnete, eine endlose Ebene der Ruhe. Sie dachte an eine Art Wüste, eine lange Aneinanderreihung von Dünen und Sand, die von einer brennenden Sonne erhellt wurde. An der Tür hat Silvano noch gesagt: »Bis morgen also.« Sobald er aus dem Zimmer war, ist Franca aus ihrem vorgetäuschten Schlaf erwacht und hat gefragt: »War das dein Bruder?« Lächelnd fragte sie zurück: »Hat er dir gefallen?« »Ich weiß nicht, er schien mir niedergeschlagen, er müßte sich den Schnurrbart schneiden lassen.« »Wie auch immer, er war nicht mein Bruder: er war mein Sohn, aber jetzt möchte ich ihn auswechseln.« Franca erschrak; sie hatte den Verdacht, nicht ernst genommen zu werden, und sagte: »Die eigenen Kinder kann man doch nicht wegwerfen.« »Nein, aber ich kenne einen Ort, an dem man sie auswechseln kann.«

So, wie sie von ihren Tagen im Krankenhaus erzählte, gewann ich oft den Eindruck, daß sie für sie besonders wichtig gewesen sein müssen, auf keinen Fall aber schmerzlich. Sie wußte dabei natürlich noch nicht, daß sie ihn binnen kurzer Zeit kennengelernt haben würde, neigte aber dazu, von ihrem Krankenlager und von der erlittenen Operation wie von einem offenkundigen Präludium einer anderen Sache zu sprechen. Sie sagte: »Ich konnte es noch nicht wissen, aber wenn ich es jetzt bedenke, so scheint mir, als hätte ich es ahnen müssen.«

Am Tag nach der Operation kam Silvano nicht. Ihr ging es bereits sehr viel besser. Sie konnte sich vom Bett erheben und, wenn auch mit Vorsicht, ein paar Schritte auf der Station umhergehen. Sie war beeindruckt: das Hin und Her der Ärzte und Krankentragen beobachtete sie wie ein ruhiger Verkehrspolizist, der inmitten des umherfließenden Verkehrs unbeteiligt und unberührt bleibt. Der Walkman verstärkte dieses Gefühl der Fremdheit, indem er ihr stumme Bilder vermittelte, die einander unaufhörlich ablösten und frei von akustischen Eingriffen blieben. Ich glaube, ihr kam es vor, als bewege sie sich in einem jener amerikanischen Fernsehfilme, die in großen Krankenhäusern spielen. Nur daß hier die Verwahrlosung der Räumlichkeiten, die Klebrigkeit, die allen Gegenständen anhaftete, ja selbst der Körperbau der Krankenschwestern die Abweichung der Wirklichkeit von der imaginierten Welt des Fernsehens signalisierten. Manchmal gelang es ihr, sich einzureden, daß sie der Vorführung eines enthüllenden Dokumentarfilms zusah, der es sich zur Aufgabe gemacht hatte, alle Unzulänglichkeiten des öffentlichen Gesundheitswesens aufzuzeigen, aber selbst dieser Kunstgriff funktionierte nicht immer. Es reichte, in das benachbarte Zimmer hineinzublicken, wo eine Frau um die Siebzig lag, die an Zirrhose litt und ganz alleine war. Wiederholt hatte sie sich vorgenommen, ihr ein wenig Gesellschaft zu leisten, sich aber letztlich doch nicht dazu überreden können. Das Bett dieser Frau war für sie vielmehr eine Art Schrekkenshort geworden, das genaue Abbild der eigenen Sterblichkeit. Heimlich jenen Körper zu beobachten, den am Fuße des Bettes abgelegten Morgenmantel, den von gebrauchten Pappbechern überquellenden Nachttisch gab ihr das Gefühl, den Tod selbst zu betrachten. Sie hätte diese Szene gerne fotografiert: der beredte Charakter der Gegenstände, dachte sie, verliehe dem Foto eine symbolische Konsistenz, ein Bild der Verbannung, der Entfernung zum Leben.

Franca ist am frühen Morgen fortgegangen. Sie hat nichts davon bemerkt, hat weitergeschlafen. Am Abend zuvor hatte sie gespürt, daß das Mädchen baldmöglichst entlassen werden würde, es gelang ihr aber nicht, den genauen Zeitpunkt zu erahnen. Francas Eltern waren dagewesen, und im Zimmer herrschte Aufbruchsstimmung. Sie waren sehr nett zu ihr und hatten gesagt: »Haben Sie Dank für alles. Das Kind hat gesagt, daß Sie so nett zu ihm waren, nochmals Dank dafür.« Sie errötete leicht, als ihr auffiel, daß Francas Familie das Wort »Kind« benutzt hatte, und fragte sich, ob vor vielen Jahren auch ihr Vater und ihre Mutter jenen Ausdruck verwandt hatten, wenn sie mit Unbekannten sprachen. Rückblickend hatte sie den Eindruck, als wäre sie in diesem Sinne nie ein richtiges Kind gewesen. Die Kindheit war für sie so lang wie ein Nachmittag – und dann vorbei, zu Ende für immer. Jetzt bedauerte sie es, verspürte Lust, noch einmal zurückzukehren: Sie würde nicht noch einmal jener Sauertopf sein, sondern wie eine Verrückte herumspielen und all die Unordnung anrichten, die ein richtiges Kind verursacht.

Franca hat auf ihrem Nachttisch eine Nachricht hinterlassen. Darauf steht: »Leb wohl, werde gesund, sehen wir uns wieder?« Sie hat die wenigen Worte dankbar gelesen und dabei gedacht, daß im Grunde niemand jemals so unkompliziert und herzlich auf sie zugegangen ist. Neben dem leeren Bett des Mädchens stehend, faltete sie den Zettel sorgfältig zusammen und steckte ihn in ihre Tasche. Dann, um sich nicht vom Gefühl übermannen zu lassen, suchte sie ein Telefon, um Silvano anzurufen. Die Leitung ist besetzt. Es ist merkwürdig, denkt sie, wie die Beharrlichkeit des Telefonsignals das Bedürfnis zu sprechen vervielfacht, so sehr sogar, daß, fast schon vergessen, mit wem man eigentlich reden wollte, die Lust entsteht, sich endlos mit dem Apparat selbst zu unterhalten, mit dem Hörer, den man in der Hand hält. Ihr scheint, als ob er, gewissermaßen durch die Intermittenz der Signale, die zahllosen Stimmen erzählt, die durch ihn gegangen sind. Und daß er sie jetzt, eine an die andere fügend, alle gemeinsam zum Leben bringt. Unter diesen verlorengegangenen Gesprächen, jenen so plötzlich zurückgerufenen Silben, die von ihren Mündern getrennt werden und die die Münder wiederum von den Körpern trennen, ist auch ihre Stimme, sind Hunderte ihrer Worte, die, wer weiß, wann, verlorengingen. Und da ist auch die Stimme Silvanos, vermischt mit der einer beliebigen Person.

Hinter ihr sagte eine Krankenschwester: »Ihr Mann ist heute morgen hier gewesen, aber Sie schliefen; er bat, es Ihnen auszurichten.« Sie hat, den Hörer noch in der Hand, geantwortet: »Ich habe mir Sorgen gemacht und war dabei, ihn anzurufen.« Als sie wieder alleine war, ist sie an das große Fenster getreten und fühlte sich zum erstenmal eingesperrt. Die Häuser um das Krankenhaus herum sind von einem unwirklichen Licht erhellt, was ihnen eine unberechenbare bauliche Bedeutung gibt, auch wenn sie in Wirklichkeit alle gleich monoton sein müssen. Ihr gefiel es, sie zu betrachten, weil sie, glaube ich, in jenem Augenblick sich selbst als beliebig, als monoton und steinern erfuhr.

Sie wurde, wie vorgesehen, acht Tage später entlassen. Die letzten Nachmittage hatte sie mehr oder weniger mit

Lesen zugebracht. Von Silvano hatte sie keine Nachricht mehr erhalten, und eigentlich machte ihr das wenig aus: das Krankenlager hatte ihr, unwillkürlich, ihre ganze ledige Gleichgültigkeit ihrem Mann gegenüber enthüllt. Sie hatte ihre Vereinigung überdacht, und sie war ihr wie eine kindische Inszenierung ihrer eigenen Reife erschienen. Silvano, das wußte sie von Anfang an, hatte sie mit vielen anderen Frauen betrogen, aber bislang hatte sie das Ausbleiben jeglicher Eifersucht von ihrer Seite einer charakterlichen Eigentümlichkeit zugeschrieben: sie glaubte, befürchte ich, eine Nonkonformistin zu sein, die weit über den mittelmäßigen, kleinbürgerlichen Gefühlen stünde. Jetzt aber erkannte sie, daß Silvano für sie eine Ablenkung, eine vertraute, bequeme Lüge gewesen war. Vielleicht waren es die Männer insgesamt, die sie nicht interessierten, zumindest nicht in jener Phase ihres Lebens. Die zufällige und flüchtige Bekanntschaft mit Franca hatte das ans Licht gebracht. Gemeinsam mit ihrem Bedürfnis nach Rückbewegung, nach Erkundung ihrer Kindheit. Gerne hätte sie in diesem Zustand einen langen Brief an ihre Mutter geschrieben. Sie hätte darin den Grund ihres seltsamen Exils in einem fremden Land erklärt, hätte von der fehlenden Liebe in all den Jahren erzählt und von dem Begehren, diese zu erhalten – eine unbedingte Liebe, aber körperlos, ohne ökonomische Gesetze und ohne jene Zollgrenzen, die es dabei stets zu durchschreiten gilt.

Diesen Brief überdachte sie wiederholt, korrigierte im Geiste die enthemmten Gefühle und die Überzeichnungen, die ihre Mutter gewiß in Verlegenheit gebracht hätten. Aber sie schrieb ihn nicht: sie legte ihn in einer Ecke ihrer Erinnerung ab, wie man es mit Post macht, die man früher oder später erledigen muß. Statt dessen bereitete sie ihre Entlassung aus dem Krankenhaus vor. Sie bedankte sich bei den Stationsärzten und den Schwestern, fragte, ob es möglich sei, Francas Adresse zu erhalten, um ihr einen Gruß zu schicken, und entrichtete schließlich den Betrag, den sie, als Ausländerin, dem gastgebenden Staat schuldete.

Der Ritmo steht zum Glück noch dort, wo sie ihn geparkt hatte. Bevor sie einstieg, hatte sie die Kopfhörer des Walkman aufgesetzt und beschlossen, in der Stadt umherzufahren. Mit der voll aufgedrehten Musik im Ohr zu fahren gibt ihr das Gefühl, im Kino zu sein. Jede Bewegung, jeder äußerliche Laut erreichen sie wattiert, wie Wahrnehmungen zweiten Grades. Der Raum selbst wird weicher und entbehrt jeder Spannung. Sie biegt rechts ab, entlang eines Palazzo, der sich in ihrer Vorstellung als ein Monument der Strafkultur abzeichnet. Es könnte, denkt sie, eine Kaserne, ein Ministerium oder eine Schule sein. Die Wände sind undurchlässig, fortlaufend, eine gemauerte Fuge. Ohne es zu merken, gelangt sie vor eine Kathedrale, die einen großen Platz beherrscht. Gegenüber mündet eine Allee ein, die den Platz mit einem anderen verbindet, der jedoch weniger deutlich strukturiert, unregelmäßiger ist und an dem ebenfalls eine Kathedrale steht, die jedoch versteckter liegt.

Während sie die Allee entlangbrauste, sahen sie sich zum erstenmal. Sie sagte, daß es sich dabei um einen Moment, um einen Augenblick nur, gehandelt hat. Um einen ergreifenden Moment allerdings. Beide hatten vielleicht zu jenem Zeitpunkt nur auf sich selbst geachtet, auf ihre eigene, ungelöste Geringfügigkeit. Beider Augen hatten einander wie aus staubigen, entfernten Universen angesehen.

Mario stand zusammengekauert hinter seinem Wagen; es sah aus, als wolle er weinen. Er stand da, stumm, verzweifelt, und beobachtete zwei Jungen auf der gegenüberliegenden Straßenseite. Sie hatte das kaum bemerkt. Sie hatte vor allem einen gekrümmten Mann gesehen, dem der Ausdruck elender Einsamkeit im Gesicht stand. Sie erzählte später, daß es ihr vorkam, als erblicke sie sich selbst, verdoppelt, in einer Entfernung von wenigen Metern. Dann wurde sie von einem tiefen Gefühl der Trauer erfüllt, von der Vorstellung, daß sie aller Wahrscheinlichkeit nach diesem Mann nie wieder begegnen würde. Deshalb war sie umgekehrt, den Wagen beschleunigend, einige rote Ampeln überfahrend.

Statt den Ritmo zu parken, hat sie ihn mitten auf der Straße stehenlassen. Mario ist bereits nicht mehr da, verschwunden wie eine Vision. In der Nähe, ausgestreckt auf dem Boden, liegt einer der Jungen von vorhin. Sie betrachtet ihn und weiß nicht, was sie tun soll: der Junge ist mit Drogen vollgepumpt, es scheint fast, als sei in seinen Augen eine Stauung von Rauschmitteln, als schlage sein Herz inmitten eines flüssigen Raums und als poche sein Blut, durch das Heroin verblaßt, außerhalb des Körpers, in der ihn umgebenden Luft.

Instinktiv zog sie ihn in ihren Wagen, konnte ihn nicht dort auf der Erde liegen und sterben lassen wie einen Hund. Und schließlich war dieser Junge, den Mario noch vor wenigen Augenblicken beobachtet hatte, das einzig mögliche Verbindungsglied zwischen ihr und ihm. Sie drückte auf die Hupe, so, wie man es macht, wenn man einen Kranken an Bord hat, und fuhr Richtung Krankenhaus. Sie erreichte es nach wenigen Minuten. Vor der Notaufnahme waren Leute, die durch ein kleines Tor ein- und ausgingen. Sie konnte nicht warten, bis die Reihe an ihr war, befürchtete, daß der Junge jeden Moment sterben könne; er gab kaum noch ein Lebenszeichen von sich, atmete mühsam.

Sie klopfte wie eine Besessene und begann, auf englisch zu schreien. Später erzählte sie, daß ringsum alle mehr durch ihr Verhalten empört gewesen seien, als daß sie sich um das Leben des Jungen gekümmert hätten. Endlich legten ihn zwei Krankenhelfer auf eine Trage, dabei nur »Scheiße!« murmelnd. Sie brach auf einer schmutzigen Bank aus Metall und Kunststoff zusammen. An den Wänden hingen große Reproduktionen von Piranesis VEDUTE DI ROMA. Ihr kam es, ehrlich gesagt, wie eine unnatürliche, ja geradezu lächerliche Szene vor.

Als aus der gegenüberliegenden kleinen Tür eine junge Ärztin, die den Jungen versorgt hatte, heraustrat, weinte sie heftig. Die Ärztin fragte: »Ist es ein Verwandter?« Sie schüttelte den Kopf und sagte dann: »Ich habe doch nur ihn.«

DURCHGANGSSTATION

Gestern nachmittag hat mich mein Neffe besucht. Er kommt jeden zweiten Donnerstag des Monats hierher. Wir verbringen gemeinsam eine halbe Stunde, ohne zu sprechen, und dann, kurz bevor er sagt: »Entschuldige, ich muß fort, ich habe noch eine Verabredung«, habe ich den Eindruck, als ob er mir etwas Wichtiges, etwas Dringendes mitteilen möchte. In der Regel endet es damit, daß er nichts Bestimmtes sagt: er deutet irgendwelche Probleme an (aber worin bestehen die? Und warum sollte er sie ausgerechnet mir, der ich verrückt bin, anvertrauen?), macht irgendeine unmutige Bewegung, senkt die Augen. Ich bin dann darauf gefaßt, daß er innerhalb weniger Minuten gehen wird. Und so geschieht es immer. Jedesmal. Andererseits ist er der einzige aus der Familie, der sich noch an mich erinnert, auch wenn ich nicht recht weiß, warum. Ich glaube nicht, daß ihn Gefühle von Erbarmen oder Mitleid bewegen. Vielleicht hat er an diesen Nachmittagen nichts Besseres zu tun. Oder vielleicht spürt er, daß uns irgend etwas verbindet, uns verbunden hat.

Bevor ich hier eingesperrt wurde, habe ich ihn kaum gekannt. Als Kind sah er mich voller Furcht an, vermied es sogar, mich anzusprechen. Er war schüchtern und ich noch mehr als er. Als er älter war, wird er nicht mehr begriffen haben: er wußte nur, daß ich krank war, an einer seltsamen Krankheit litt, die niemand in der Familie beim Namen nannte. Er wird lange über diesen ziemlich jungen Onkel nachgedacht haben, der über lange Zeiträume des Jahres aus dem Haus verschwand und dessen Aufenthaltsort niemand erwähnte. Keiner stellte direkte, deutliche Fragen.

Vor mehr oder weniger zehn Jahren habe ich versucht, mich umzubringen. Ich reservierte ein Zimmer in einem Luxushotel der Stadt. Ich wechselte den Anzug (ich hatte ein dunkles Seidenhemd und ein sehr exzentrisches amerikanisches Markensakko gekauft), streckte mich auf dem Bett aus und begann, Pillen zu schlucken. Zuvor hatte ich sie auf dem Nachttisch in kleinen Haufen, je nach Farbe und Größe, aufgereiht: Kapseln, Perlen, Tabletten, Konfekt. Ich fühlte mich wie auf einer Vermählungszeremonie. Ich feierte die Hochzeit mit mir selbst, mit jenem Teil von mir, der mit großem Gepränge im Schlaf versinken wollte. All diese Pillen waren wie Süßigkeiten oder exotische Früchte, die ich mir selbst im Augenblick meiner Vereinigung darbrachte.

Ich war zwei Tage ohne Bewußtsein. In der Station des Krankenhauses waren die unterschiedlichsten Leute. Bevor ich entlassen wurde, kam mein Bruder, der Vater meines Neffen. Es war ihm peinlich, er bemühte sich zu scherzen. »Morgen können wir gemeinsam aufbrechen. Du kannst für eine Weile zu mir nach Hause kommen, wenn du willst«, sagte er und sprach auch noch von einigen anderen Dingen, an die ich mich aber nicht erinnere. Er war mir, wie jeder andere, egal. Meine Gedanken kreisten nur um meine mißlungene Zeremonie, ein alles in allem enttäuschendes Fest. Nicht eine Minute lang habe ich daran gedacht (und tue es auch jetzt nicht), diese Erfahrung zu wiederholen: Man heiratet nur einmal im Leben. Wenn es schiefgeht, Geduld. Man kann sich damit abfinden, getrennt zu leben, geschieden auch von sich selbst.

Mein Neffe erfuhr die Nachricht (offensichtlich hatte niemand in der Familie auch nur eine Andeutung gemacht) von einem Mann, den er kaum kannte. Er habe es in der Zeitung gelesen, wird jener ihm erklärt haben. Ich glaube, daß diese Zudringlichkeit ihn mehr getroffen hat als die Tatsache an sich. Zu Hause schwieg er, tat weiter so, als wisse er von nichts. Viele Abende dachte er jedoch darüber nach und konnte nachts die Augen nicht schließen. Aus diesem Grund hat er eines Abends in der Apotheke seines Großvaters ein Schlafmittel gestohlen und es verängstigt eingenommen: er war überzeugt, sterben zu können. Natürlich hat er nur ein wenig länger als sonst geschlafen. Niemand hat es bemerkt. Oder zumindest hat er das geglaubt.

Diese Dinge hat mein Neffe mir vor einigen Monaten erzählt. Er errötete dabei. Ich habe gesagt: »Es tut mir leid.« Ich wollte sagen, es tut mir leid, dich unnötig verwirrt zu haben. Verlegen hat er geantwortet: »Es macht nichts. Ich versuchte zu begreifen.« Danach haben wir uns verabschiedet, und ich glaubte, daß er mich von nun an nicht mehr besuchen würde. Aber er kommt dennoch einmal im Monat hier vorbei. Und ich beginne, ihn gern zu haben.

Ich weiß nicht mehr, seit wann ich hier eingesperrt bin, erinnere mich nur daran, daß ich an einem Märzmorgen beschloß, hierherzukommen, aber das genaue Jahr dieses Entschlusses festzustellen, bereitet mir Schwierigkeiten. Ab einem bestimmten Moment, wenn die Kontakte mit der Außenwelt sich lösen, bis dahin, daß sie gänzlich verschwimmen, ist es unmöglich, die Zeit nach einem objektiven Maß zu berechnen. Es existieren einfach keine Übereinstimmungen zwischen dem Drinnen und Draußen. Es ist sogar kompliziert, etwas wahrzunehmen, was nicht dem eigenen Körper zugehört: Das Sein reduziert sich zu einer biologischen Existenz. Die Gefühle verblühen nach und nach, oder ich sehe sie manchmal außerhalb von mir umherschwimmen, wie Gegenstände, die von einem Leben erfüllt sind, das gänzlich und in allem von dem meinigen unberührt ist. So ist mein einziges Maß, die letzte Verteidigung meiner Nichtigkeit er geblieben, mein Neffe.

Dieser Raum scheint darüber hinaus nur für unsere Gespräche entworfen zu sein. Die wenigen Dinge, die er enthält, sind, obwohl schon Jahre vergangen sind, seit ich hier bin, einfach, nackt. Nur schmückendes Beiwerk. Es gelingt mir nicht, ihre Stimmen, ihre Einflüsterungen einzufangen, ich fühle mich oft mit ihnen vermischt, verloren. Oder einsam. Aber glücklich, endlich.

Nur hin und wieder, vor allem im Sommer, kommt es mir so vor, daß sich die Stunden stauen, sich nur mühsam bewegen. Zwischen einem Besuch und dem anderen, zwischen einer Krankenschwester, die zur Türe hereinschaut, und den Mahlzeiten vergehen ganze Jahreszeiten voller Wolkenbrüche oder Seestürme. Jahreszeiten, die für einen Augenblick hier anhalten, um sich dann zu zerstreuen, glücklich und entrückt.

Dann rührt die Unruhe wieder in meinem Innern. Und ich verzehre mich in dem Wunsch, Maurizio wiederzusehen.

Heute habe ich den zweiten Elektroschock über mich ergehen lassen. Ich selbst war es, der darum bat. Doktor Franciosi, der meinen Fall verfolgt und der ein gewisses Grundvertrauen in die Seele der anderen haben muß, hat versucht, mich davon zu überzeugen, dem zu widerstehen, und mich allenfalls mit ein paar Pillen mehr in den Griff zu kriegen. Das war beim letztenmal genauso. Deshalb bleibt mir nichts anderes übrig, als wirklich den Verrückten zu spielen, zu schreien und Fenster und alles, was sich mir sonst noch in den Weg stellt, zu zerschlagen. Schließlich habe ich mich durchgesetzt. Es reichten wenige Sekunden oder vielleicht ganze Stunden (es gelingt mir nicht, es zu erfassen), um mich besser zu fühlen: Die Elektrizität drang in meinen Körper ein, erreichte nach und nach alle Organe, bestimmte sie und gab sie damit meiner Kontrolle zurück. Oder zumindest meiner Erinnerung. Zwischen dem Kopf und den Beinen war mir, als könne ich den Schatten meiner Mutter erreichen: er war dort, gefangen und anspruchslos. Ich spürte das Herz wie bei einer neuerlichen, aber schon vertrauten Kontraktion schwingen, und die Herzkammern waren wie Blütenblätter, wie Blumen, die endlich voller Wasser gesogen sind. Der Elektroschock ist für mich beinahe wie eine mystische Ekstase: Ich gelange durch eine Annullierung zu Bewußtsein, durch Aufhebung, einen kleinen Tod, an dessen Ende, wie ich weiß, eine Auferstehung wartet, die nicht anders als eintreten kann. Mein Körper und Geist bedürfen vielleicht hin und wieder einer Aufladung, einer energetischen Entschädigung. Die Gedanken verdunkeln sich für einen Augenblick, um mir selbst Platz zu machen.

Ich weiß, daß ich all das meinem Neffen nicht erzählen kann: es würde ihn mit Schauder erfüllen. Es könnte ihn endgültig von meiner Verrücktheit überzeugen, ein endlich festmachbares, bestätigendes Zeichen (weil er, innerlich, oft an eine Verstellung gedacht haben muß). Ihm sage ich nichts: er ist die einzige Person auf der Welt, mit der ich weiterhin schwatzen will. Ohne dabei, mühevoll anpäßlerisch, meinen Zustand zu berücksichtigen.

Die Zwangsvorstellung ist allmählich gewachsen. Ich lebte seit einigen Monaten mit Maria, und sie war schön, von einer vielleicht harmlosen Schönheit, aber wunderschön. Ich wollte keine Kinder, ich hatte niemals daran gedacht. Sie dagegen schon, sie wollte heiraten und viele haben. Ich war überzeugt, ja irgendwo sicher, daß sie sich mit mir nur meiner vitalen Funktion wegen und nicht wirklich vereinigen wollte. Wir heirateten, was notwendig war, wenn ich sie nicht verlieren wollte. Aber ich weiß nicht mehr, wann das geschah; es muß unendlich viel Zeit seither vergangen sein.

Nach meiner Hochzeit liefen die Dinge schlecht. Ich versuchte zu arbeiten, aber ohne Überzeugung; Maria dachte an ihre Kinder. Wir schliefen nie miteinander. Nachts, wenn wir nebeneinanderlagen, schien es, als wolle sich unser Atem vereinigen, ohne daß unsere Körper daran teilhatten. Während sie ruhig schlief, betrachtete ich sie. Ich stellte mir ihre nackten Brüste vor, ihre weiße Haut, die Winkel ihrer Beine, wie sie sich mit mir vereinten, mich umklammerten, bis sie für immer eine einzige, unbewegliche Einheit schufen. Etwas Vollkommenes und zugleich Steriles. Ich dachte an uns beide wie an ein lediges Paar. Oder wie an eine schwere, schlafende Maschine, die einem Schrotthändler verkauft wurde. Aber ich sprach mit Maria nicht darüber. Sie schlief, schlief. Ich hätte sie für immer im Schlaf betrachten können: stumm, gelähmt und habsüchtig.

Diese Nächte überschlagen sich nun, drehen sich in meiner Erinnerung: sie hinterlassen ein unverständliches Gefühl der Folgerichtigkeit, wie eine nur skizzierte und doch bereits sichtbare Zeichnung, die eigentlich schon vollendet ist. Oder war das Wasserzeichen, die geheime Handlung meines Seins auf der Welt, damals für mich ohne jeden Sinn?

Ich habe gesagt, habe geschrieben: »Zwangsvorstellung«. Ich frage mich, warum dieses und nicht ein anderes Wort, das vielleicht einfacher, weniger intensiv wollüstig wäre. Tatsache ist, daß nach vielen Nächten (ich schlief nicht mehr und hatte insgeheim angefangen, ein Mittel nach dem anderen einzunehmen), nach vielen einsamen Blicken, plötzlich ein Mädchen geboren wurde. Und auch sie war schön, vielleicht wunderschön. Aber mein Körper und der von Maria waren einander nie begegnet, sie waren lange Zeit im selben Bett umhergereist, ohne je zusammengestoßen zu sein, ohne sich auch nur zu streifen. Und die Wahrheit war lächerlich einfach: sie hatte einen anderen geliebt. Jemand (aber wer war er? Und warum? Und wo, hinter welchem Gesicht versteckte er sich?) und nicht ich war es. Das war mein erster Elektroschock.

Ich wollte nichts wissen. Ich suchte keine Erklärungen (denn schließlich liebte ich dieses Kind trotz allem: es war zur Welt gebracht worden, unaufgefordert in sie hineingeworfen). So fragte ich nichts. Jedes Wort schien mir unnütz, sinnlos. Zufällig.

Ich beschloß, Maria zu verlassen, sie ihre Mutterschaft leben zu lassen, deren Hintergrund nie aufgeklärt wurde. An diesem Abend, und es war mehr oder weniger Sommer (aber welches Jahr was es? Und was fühlte ich dabei?), schloß ich stumm meinen halbleeren Koffer, darin nur Rasierschaum und Zahnbürste, und ging fort. Meine Liebe für Maria war nach und nach gestorben, vernichtet. Deshalb dachte ich zu fliehen, fortzugehen und hierherzugelangen. Abgesondert zwischen Schizophrenen und Psychotikern, stellte ich mir vor, in Frieden leben zu können. Und das war alles.

Der versuchte Selbstmord folgte, wie man verstehen wird, erst danach. Ich war noch sehr jung: dreißig Jahre oder so. Und Maria spielte keine Rolle mehr: Ich war es, der sich jetzt vereinen, mich selbst durch meine Negation wieder zusammensetzen wollte.

Als ich zum zweitenmal in dieser Klinik eingeschlossen wurde, das war noch ganz am Anfang, kam sie mich besuchen. Ich glaube, es war ein Spätnachmittag. Sie war einfach gekleidet, in ihrem üblichen Stil, unelegant und zugleich weich. Ich war im Garten, wo ich ein wenig in der Sonne saß. Sie kam von hinten heran und sagte: »Wie geht es dir jetzt?« Genau so: »Jetzt.« Ich glaube, ich lächelte: eigentlich war ich froh, sie wiederzusehen, ihre Hüften unter dem zerknitterten Rock zu erahnen – konnte sie mir wieder vorstellen, sie sogar in den Händen spüren. Ich antwortete nicht sofort, wollte nur sehen, wie sie sich in meiner Nähe bewegte. Für einen Augenblick streiften sich unsere Körper. Ich lächelte noch immer. Dann fragte ich: »Wo ist Emilia?« Etwas anderes wollte ich nicht wissen. Auf meine Art liebte ich dieses Kind, das nur durch seine Geburt meine Verdüsterung, meine mutmaßliche Verrücktheit bewirkt hatte.

So verbrachten wir einige Stunden, ohne miteinander zu reden. Hin und wieder nickte ich, als antwortete ich auf eine Frage, die sie mir nicht gestellt hatte. Sobald sie fort war, weinte ich, ohne es zu wollen. Mein Wahnsinn bedeutete für sie eine unerträgliche Schuld. Und deshalb weinte ich: Ich wollte, mit ihr oder ohne sie, versuchen, meinen Wahnsinn in mir selbst zu finden. Sie spielte dabei keine Rolle, das wußte ich jetzt. Und es tut mir leid, nicht die notwendigen Worte gefunden zu haben, es ihr verstehbar zu machen. Sie war für mich nur ein Zwischenfall gewesen, nur ein Zeichen. Ein zärtliches Hinweisschild.

(Heute nacht höre ich in der Ferne Hunde bellen. Im Verborgenen habe ich angefangen zu trinken, um die Schlaflosigkeit zu bekämpfen: Ich versuche, mit einem einfachen chemischen Präzipitat vom wachen Zustand in den Schlaf zu gelangen, und das auf die möglichst süßeste und verwirrendste Art und Weise. Aber jetzt höre ich diese Hunde um mich herum. Sie sind fern, ich weiß; die Landschaft hier erstreckt sich sehr weit, bevor man zum nächsten Haus, einem Bauerngehöft, gelangt. Aber das Bellen höre ich ganz dicht, in größter Nähe: Es ist so, als bewohnte es mein Zimmer, mein Bett. Oder irgend etwas in mir. Es gelingt mir nicht zu schlafen, ich wälze mich auf dem Klappbett herum. Ich stelle mir sogar vor, daß dieses andauernde, ab und zu unterbrochene Kläffen an mich gerichtet ist. Daß es meine Schlaflosigkeit ist, die es aus dem Nichts geschaffen hat. Ich öffne das Fenster: Davor stehen Bäume, die den Blick verstellen. Selbst die Natur scheint den Wunsch nach Absonderung zu bestätigen. Jetzt fühle ich mich in der Falle, eingemauert in mich selbst. Morgen, ein anderer Donnerstag, wird mein Neffe kommen. Ihn werde ich fragen, ob er Hunde mag.)

»Nein«, hat er gesagt, »ich mag Katzen lieber.« Dann hat er gefragt: »Warum?« Ich betrachte den Regen, ohne seine Frage zu bemerken. Ich sage: »Ein Wolkenbruch, in dieser Jahreszeit, bringt mich dazu, mir vorzustellen, daß die Zeit von einem Augenblick auf den nächsten anhalten kann. Glaubst du nicht?«

Er hat noch einmal gefragt: »Warum?«

Ich kann auf solche expliziten, direkten Fragen nicht antworten. Deshalb komme ich auf mehr familiäre Angelegenheiten zu sprechen: »Hast du eine Verlobte?«

»Nein, tut mir leid.«

»Es tut dir leid?«

Schon wieder hat ihn die Schüchternheit übermannt. Er hat mühevoll geatmet, als ob die Luft selbst und ihr Einatmen auf etwas Bestimmtes anspielen könnten. Und vielleicht, aber ich werde darüber niemals Gewißheit erlangen, bedeutet ihm das etwas. Ich würde ihn gerne fragen, was, aber ich habe Angst, ihn zu verletzen, ihn unnötig von mir zu entfernen. Deshalb frage ich nichts. Ich nehme hin, daß seine Stummheit, seine Erregung still auf meine Neugier antworten. Ich billige, daß die Grenze des nicht Gesagten sich zwischen uns ausbreitet wie eine natürliche Umgebung. Im Grunde ziehen wir es beide vor, uns mehr durch Pausen als durch belanglos hingeworfene Worte zu verständigen.

Unsere Verbindung, das begreife ich jetzt, ist so: stets verzögert. Morgen werde ich, ohne daß er davon erfährt, mein Testament verfassen: mein Bett, meinen Schlafanzug will ich ihm hinterlassen. Ihm allein.

Ich denke wieder an meinen Neffen, an die Verletzlichkeit seiner Augen. Gestern trug er eine dunkle Sonnenbrille, es schien, als wolle er sich dahinter verbergen, sich in einem körperlichen Gebrechen zusammenkauern. Er kommt mir magerer vor. Früher kam er hierher in einer irgendwie heiteren, lächelnden Stimmung, gestern aber hat er kaum gelächelt. Ich befürchte, daß ich ihn mit meiner Frage nach den Frauen verwirrt habe. Er ist sich mit der Hand durch die Haare gefahren, hat den Blick auf irgendeinen fernen Punkt gerichtet und dann gesagt: »Nein, tut mir leid.« Ich habe nicht begriffen, ob es ihm für ihn oder vielmehr für mich leid tat.

Ich habe ihn mir genauer angesehen, und seine Augen haben mich beunruhigt. Doktor Franciosi sagt, daß das meine projektierenden Manien seien, daß meine Schuldgefühle gegenüber der gesamten Familie sich jetzt in der Person meines Neffen mobilisieren. Aber ich weiß, daß es nicht so ist. Denn ich bemerke bei diesem Jungen, daß etwas geschieht, etwas, was vor allen anderen verborgen in seinem Inneren brütet. Vielleicht hat er mich gerade deshalb als stummen Gesprächspartner ausgesucht: er weiß, daß ich ihn niemals etwas fragen werde.

Ich würde gerne seiner Mutter schreiben, sie nach dem Sohn fragen, irgend etwas über ihn in Erfahrung bringen, ohne daß er es bemerkte: wen er trifft, welcher Arbeit er nachgeht oder was er studiert (noch immer gelingt es mir nicht, sein Alter zu erraten). Aber ich habe keine Adresse mitgebracht. Als ich hier eintraf, war ich sicher, daß ich nie mehr mit einem von ihnen Kontakt haben werde. Ich dachte an eine Art Mönchsdasein, an eine Klausur, deren ständiges Kultobjekt mein Geist, mein Gehirn, die Nerven meines Körpers bildeten. Unsere Gespräche (aber was sind es für Gespräche? Eigentlich müßte ich von unseren Schnitten in ein gemeinsames Schweigen sprechen, das uns im Gleichgewicht hält) haben meine Neugier geweckt. Manchmal nachts, wenn ich nicht schlafen kann, stehe ich auf und höre die umliegende Landschaft, mache absurde Fluchtpläne, entwerfe komplizierte Pläne, die mich jenseits des Gartens brächten, denke daran, wieder in der Stadt zu leben. Aber bei Doktor Franciosi lasse ich darüber kein Wort fallen.

Das Zimmer hat jetzt sein Aussehen verändert. Ich habe Blumen auf dem Feld gesammelt und nach einer kleinen Vase gefragt, in die ich sie stellen kann. So beherrscht mich die Vorstellung eines Ortes, der zur Aufnahme, zur Heilung eines Körpers bestimmt ist. Aus meinem Schrank nahm ich die Bücher, die ich bei mir habe, meistens Andachtsbücher, die ich sonst nie anrührte und die ich jetzt durchblättern will (vor allem am Abend betrachte ich sie, blättere in ihnen herum, durchstreife sie mit der etwas überstürzten Neugier einer ersten Liebe).

Der Arzt hat diese leichten Veränderungen in meiner sogenannten häuslichen Ordnung bemerkt. Er hat mich aufgefordert, ihm den Grund zu erklären. Bevor ich antwortete, nahm ich mir Zeit, kaute einige Worte in mich hinein und sagte dann: »Es ist möglich, daß die Krankheit zu einer anderen als der vorhergesehenen Ordnung gefunden hat.« Ich wußte, daß er eine Antwort dieser Art nicht erwartet hatte. Er wollte, daß ich den Gegenständen, ihrer neuen Anordnung, irgendeine meiner

Phantasien zuordnete. Er hat mir gesagt: »Ich hätte gerne, daß Sie Ihren Gesten, dieser neuen Ordnung... etwas, was... Ihre Vergangenheit betrifft, zuordneten. Erzählen Sie mir davon, bitte.« Seine Einladung klang merkwürdig lächerlich, auch ein wenig klagend. Ich glaube, daß er es selbst bemerkt hat. Es war etwas Mühsames in seiner Aufforderung, die Sphäre des reinen Gefühls auf eine mutmaßliche logische Symmetrie zurückzuführen.

»Ich glaube, meinen Neffen zu lieben«, habe ich einfach gesagt.

»Ist das eine neue Erfahrung für Sie...?«

All diese Pausen, all seine Unterbrechungen, das Verlieren des Wortsinns im fahlen Raum seiner Rede haben mir seine eigene Zerbrechlichkeit enthüllt. Einen Augenblick lang glaubte ich, sein Arzt zu sein und er der Patient, der Kranke.

»Wollen Sie sagen, daß Sie Ihrem Neffen gegenüber auch einen erotischen Impuls verspüren?«

Die Frage stand zwischen uns wie ein Gegenstand, der es unmöglich machte, einander anzusehen, wie ein Hindernis unseres Bedürfnisses, einander zu erforschen. Ich habe ein Buch geöffnet, es durchblättert, eine bestimmte Seite suchend, auf Seite 179 angehalten und so, als bereitete ich mich auf ein langes Zitat vor, gesagt: »Ja.«

In meinem Rücken hörte ich, wie sich die Türe von außen schloß; Franciosi hat das Zimmer fast auf Zehenspitzen verlassen.

Ich habe mich an das Fußende gesetzt, habe mitleidvoll an seine Forschungen gedacht, an die dickleibigen

Bände seiner Bibliothek im unteren Geschoß. Selbst an die Feinheit seines Geistes. Laut, allein im Zimmer, habe ich gesagt: »Aber ich bin nicht homosexuell. Ich bin gar nichts.«

Ich warte darauf, daß mein Neffe kommt. Im Garten buchstabiert das Sonnenlicht ein reicheres Alphabet als in meinem Zimmer. Dort gibt es Lichtformen, rechtekkige und dreieckige, die das Gras ausschneiden, es seiner natürlichen Schläfrigkeit entreißen. Sie sehen aus wie afrikanische Staaten, deren geometrische Grenzen unverstehbare Konflikte zwischen einzelnen Volksstämmen verbergen. Als Beobachtungspunkt habe ich eine ebene, leicht unregelmäßige Fläche gewählt, fast schon am Rande des Gartens (wenige hundert Meter weiter kann man die Straße ausmachen, die zur Klinik führt). Auf dem Grün der Wiese, an dessen Rand, wo der Schatten eines Strauchs aufhört und gleichsam vor dem Licht zurückzuweichen scheint, ist ein dichtes Netz voller Ameisen. Sie bewegen sich mit überlegter Langsamkeit, und wenn sie einander begegnen, sieht es aus, als flüsterten sie miteinander. Ich gehe nah heran, als ob ich besser hören wollte, ihrer Stille irgendeine Botschaft entreißen könnte. Diese Vorstellung ist ziemlich oberflächlich, dessen bin ich mir bewußt.

Die Ameisen scheinen die Anwesenheit, die Störung durch einen fremden Körper bemerkt zu haben. Plötzlich reißt die Reihe, ganz langsam, bis sie sich in einer Art allgemeiner Flucht zerfranst. Irgendwie tut es mir leid, das ruhige Arbeiten dieser Tierchen durcheinandergebracht zu haben.

Auf der rechten Linse meiner Brille sehe ich eine Ameise umherwandern. Sie muß bis hier hinauf geklettert sein, als ich mein Ohr auf den Boden gelegt hatte in dem Versuch, die Lautwelle ihres Flüsterns zu hören. Die Ameise rennt jetzt am unteren Rand des Glases entlang, in der inneren Furche des Rahmens. Vergeblich sucht sie mühsam einen Ausweg. Ich denke: »Zwischen uns beiden ist ein Glas, das uns gleichermaßen schützt.« Die Ameise scheint das verstanden zu haben; sie fühlt unter sich die glatte Oberfläche des Glases, nimmt sie aber anscheinend nicht gänzlich wahr, denn die Farben, die sich unter ihrem Körper bewegen, sind die meiner Haut, der Pupillen, der Iris.

Im Zentrum des Glases ist die Ameise verschwunden. Auf einmal hat sie sich gleichsam aufgelöst. Ich hebe die Brille hoch. Sie ist noch immer dort, gelähmt durch die brüske Bewegung, genau an der Stelle, an der sie aus meinem Blick geraten war, vielleicht weil sie meinen Augen zu nahe kam.

Ich ließ die Brille auf der Erde, mit dem Tierchen obenauf, habe sie auf dem Gras zurückgelassen wie ein Denkmal für jede Ameise, die dort vorbeikommt. Sie ist für mich wie der Grundstein eines großen Monuments, das die Insekten eines Tages in Erinnerung an die optischen Mängel errichten werden.

Mein Neffe beobachtet mich aus der Ferne. Er muß der Szene beigewohnt haben, zwischen Neugier und Verlegenheit. Wahrscheinlich wußte er nicht, ob er die Aufmerksamkeit auf sich lenken oder mich meine Beobachtungen des Tierreichs zu Ende führen lassen sollte. Um ihn aus der Peinlichkeit zu entlassen, habe ich sofort gesagt: »Die Ameisen faszinieren mich. Es macht mir Spaß, sie anzusehen und sie dann von ihrer Beschäftigung zu befreien.«

Er machte eine Bewegung, so, als wolle er sagen: »Verstehe«, und blickte in Richtung des Metallzaunes, der den Garten umgibt.

»Gestern habe ich mit dem Doktor über dich gesprochen«, fügte ich hinzu.

»Und was hast du ihm gesagt?« fragte er ein wenig beunruhigt.

»Deinen Namen, dein Alter, das war alles.« Er tat so, als glaube er mir, aber vielleicht denkt er an einen Wahn meinerseits, der ihn miteinbezieht. Oder er stellt sich wer weiß welches enthüllte Geheimnis vor. Um ihn wieder abzulenken, sage ich: »Du läßt dir die Haare wachsen, sie stehen dir gut so lang.«

Der Junge sagt nichts. Mir scheint, als ob seine Gesundheit zunehmend zerbröckelt, daß es ihm jedesmal, wenn er hierherkommt, schlechter geht. Ich finde nicht den Mut, ihn danach zu fragen: er wird keine Lust haben, darüber zu reden, vielleicht bilde ich mir auch alles nur ein. Aber seine Wangen sind eingefallen, seine Ohren scheinen sich vom Kopf zu lösen und seine Augen wirken wie ausgelöscht.

»Wo wir gerade davon reden, wie alt bist du eigentlich?« habe ich gefragt, ohne zu bemerken, daß ich mich damit verriet.

Er hat gelächelt; für einen Augenblick war er wie mit Leben erfüllt. Ich habe ihn wieder als das Kind gesehen, das mich mit dieser Mischung aus Erstaunen, Angst und absurder Sympathie betrachtet. Für einen Moment enthüllte sich zwischen den Brauen und den Lidern der steinerne Rest seiner Kindheit. Und ich konnte ihre Teile berechnen, ihre Natur und Beschaffenheit ermessen. Ich wäre gerne auf ihn zugegangen, um ihn in die Arme zu nehmen, um den Ausdruck festzuhalten, der sich für den Bruchteil einer Sekunde auf seinem Gesicht abzeichnete, hätte ihn gern für immer in mich aufgenommen und so endlich festgelegt, daß die vergangene Zeit nicht vergangen, daß unsere Erinnerungen und wir selbst noch immer die waren, die sie immer gewesen sind. Und daß, darüber hinaus, all die Tage oder Jahre nur das Schweißtuch waren, der Kokon, innerhalb dessen wir uns versteckten, eine Verteidigung, eine nützliche Konvention.

Natürlich habe ich ihm nichts davon gesagt. Ich habe mich nicht einmal einen Millimeter bewegt. Ich habe gelächelt und nur ein »Ich freue mich, daß du hier bist« angedeutet. Aber ich bin nicht einmal sicher, daß er mich hat hören können.

Franciosi hat mir recht gegeben. Auch er glaubt jetzt, daß mein Neffe gesundheitlich nicht auf der Höhe ist. »Seine Hände zittern ein wenig«, hat er kalt gesagt. Jetzt bringe ich damit sein unausgesetztes Anzünden und Ausdrücken von Zigaretten in Verbindung, die er – ohne jeden Genuß – nicht zu Ende raucht. Diese Bewegung ist eine reine Ablenkung des Zuhörers, eine Irreleitung, eine sonst unerklärliche Fahrigkeit seiner Hände. Und das letzte Mal, als er hier war, es muß mehr oder weniger eine Woche her sein, war sein Zittern, das ich erst jetzt entziffern kann, seinen offensichtlich mechanischen Wurzeln entrissen, stärker und krampfhafter als gewöhnlich.

»Vielleicht trinkt er zuviel«, hat der Arzt noch vermutet.

So enthüllt sich mein Neffe mir gegenüber in einem unerwarteten Licht. Ich beginne den geheimen Grund seiner Besuche zu verstehen, seiner pünktlichen Regelmäßigkeit: hier ist er selbst, und sei es nur für ein paar Stunden, ein Patient. Auch er ein Kranker. Vielleicht zeigt er damit unbewußt den Grund seiner Anhänglichkeit an mich: Ich habe letztlich selbst bestimmt, in diesem abgeschlossenen Ort zu leben. Nicht nur für den einen oder anderen Nachmittag, sondern für immer. Ohne leider vorauszusehen, daß seine Anwesenheit, seine stolzen Besuche mein Heimweh nach der verwirrenden und dürren Welt, die jenseits des Gartenzauns weiterlebt und sich ohne meine Nichtigkeit fortbewegt, auslösten.

Sein Bedürfnis nach Heilung oder Abgrenzung, nach affektiver Erstickung, hat mich endlich dazu gebracht, mich für die anderen zu interessieren, vielleicht sogar für jedweden anderen, mit derselben Zurückhaltung, mit der ich die Arbeit der Ameisen beobachte.

Jetzt habe ich sogar das Bedürfnis, Kinder zu haben.

Eine Liebe zu leben und mit Geduld jeden Tag den unmöglichen Dialog zwischen mir und einer anderen Person herzustellen.

Zum erstenmal, seit ich in dieser Klinik wohne, denke ich ernsthaft daran, die Koffer zu packen. Ich plane keine komplizierten nächtlichen Fluchten, die unnötig abenteuerlich wären. Sondern ich stelle mir eine ehrliche und ruhige Geste vor, die eine Ordnung verändert. Ein Umzug, den es mit Methode vorzubereiten gilt.

Sobald ich aus dem Zug gestiegen war, kaufte ich Zeitungen. Seit Jahren war mir diese einfache Handlung fremd. Der Bahnhof ist voll mit kofferbeladenden Menschen, mit Grüßen. Es herrscht eine merkwürdige Ergriffenheit, die ich mir nicht gut erklären kann und die die Menschen im Augenblick der Trennung befällt. Man reagiert auf verschiedene Weise, aber mir scheint, als könne ich wahrnehmen, daß ein Bahnhof oder ein Flughafen für viele den Ort darstellen, an dem man die endgültige Auslöschung des anderen erfahren kann. Oder seiner selbst. Sogar das Licht entlang der Gleise oder an den Rändern der Pisten hat eine eigenartige Krümmung: Der Horizont erweitert sich, verliert sich in der Ferne, die Gegenstände, die Häuser, die Kontrolltürme scheinen sich auflösen, sich von jedem Zentrum entfernen zu wollen. Im Gegensatz dazu ist das, was man nunmehr im Rücken hat, eine Stadt oder ein Haus, als ob es sich in sich selbst zusammenrolle, sich selbst in einen dunklen und unbewohnbaren Raum einschlösse.

Ich habe ein Taxi genommen. Die Stadt hat sich nicht allzusehr verändert: Der Akzent der Leute, ihre Pausen, die kleinen Listen sind immer dieselben. Ich bat, mich zu dem Hotel zu bringen, wo ich Jahre zuvor versucht hatte, mir das Leben zu nehmen (die Vorstellung erschien mir sofort einigermaßen ironisch). Die Fahrt war vergleichsweise länger, als ich erwartet hatte. Oder besser: als ich mich erinnerte. Im Wagen, ich saß hinten, habe ich die Orte der Stadt rekapituliert. Jeder Brunnen, jedes Denkmal oder jeder Palast kamen mir wie Einzelbilder entgegen, losgelöst, ohne jeden Zusammenhang miteinander. Es war wie vor einem Fernsehapparat, einem Kasten, der wohl bewegte Bilder wiedergibt, die aber, von einer Zäsur getrennt, unaufhörlich zerrissen sind. Jetzt bemerke ich beispielsweise, daß ich die Geräusche der Stadt überhaupt nicht wahrgenommen habe. Das Hören war völlig durch die Beschäftigung des Sehens verdrängt.

Im Hotel ist die Hitze nahezu unerträglich. Ich nahm die Kleider aus dem Koffer, verteilte sie auf dem Doppelbett, sann über die Farben nach, die zueinander passen könnten, und wählte die Jacke mit den Karos, die mir immer ein wenig weit gewesen ist. Den Ritus des Ankleidens beende ich im Bad, das war schon immer eine Gewohnheit von mir. Ich nahm die Zahnbürste, ich habe eine schwarzweiß gestreifte ausgesucht, und stellte sie in das Glas auf der Ablage. Den Kaffee, den ich über das Telefon bestellte, bringt fast unverzüglich ein Junge, der groß und sehr mager ist; er sagt danke, als ich ihm ein kleines Trinkgeld reiche. Dann sagt er: »Vielen Dank, ernsthaft.« Ich begriff, daß ich ihm einen weit höheren Betrag, als er gewöhnlich bekommt, gegeben habe, hatte aber die Ziffern der Banknote gar nicht bemerkt. Ja, in Wahrheit war es mir völlig gleichgültig. Es gefiel mir einfach, daß er dem üblichen Dank jenes »ernsthaft« hinzugefügt hatte: damit gab er einer banalen Gewohnheit das Siegel der Nüchternheit und der behutsamen Überraschung zurück.

Gerne ginge ich für ein paar Schritte hinaus; ich bin in der Gegend der Stadt, die ich mehr als alle anderen geliebt habe. In meiner Erinnerung leben die große Kathedrale auf dem Platz und die baumbestandene Allee und noch eine andere Kirche, deren Patronat auf Jerusalem oder ähnliches anspielt. Mein topographisches Gedächtnis ist nach der Fahrt im Taxi soeben erst wieder erwacht. Ich trete ans Fenster, ein Gefühl, das mich, ohne daß ich wüßte, warum, an einen Spiegel denken läßt. Und sage: »Sieh, das bist du.«

Auf dem Bett, neben den Kleidern, liegt der Haufen Zeitungen. Ich blättere sie langsam durch, koste sie, als handele es sich um eine Speise, die man Jahre hindurch nicht gegessen hat. Es ist seltsam, denn die Nachrichten scheinen aus den Seiten heraustreten, dich angreifen und im Wettkampf untereinander, in ihrem Kern von Wahrheit und Lüge, deine Aufmerksamkeit erregen zu wollen. Die Berichte aus der Stadt sind angefüllt von Brutalität und Gewalttätigkeit. Instinktiv denke ich an meinen Geldbeutel, versuche ihn gut in den Taschen meiner Hose zu verstecken. Nicht das Geld interessiert mich, aber ich will nicht Opfer eines Überfalls sein.

Plötzlich spürte ich so etwas wie einen Schlag, als träfe mich eine Pistole mitten ins Gesicht. Vergeblich suchte ich die Brille, hielt die Seite ganz nah an die Augen. Unter dem nichtssagenden Titel »Neuerliches Drogenopfer« ist das kleine und grobgerasterte Bild meines Neffen. Ich habe genauer hingesehen, vielleicht war es nur eine Ähnlichkeit. Wort für Wort ging ich den Artikel durch, nahm die Sätze auseinander, zerstückelte Worte und einzelne Buchstaben wie in einem Puzzle. Der Sinn bleibt immer derselbe. Auch wenn man rückwärts liest, von unten nach oben, von links nach rechts, bleibt es dabei, daß dieses Stück Papier unbeteiligt die immer gleiche Nachricht übermittelt. Jetzt weiß ich, daß er dreiundzwanzig Jahre alt war, daß er noch bei der Mutter wohnte, daß er arbeitslos war. Von ihm selbst hatte ich andere Dinge über ihn erfahren. Daß er ein Kind war, zum Beispiel. Oder daß er Katzen liebte. Und das stand nicht in der Zeitung.

Ich beschloß, vor der Rückfahrt die Redaktion der Zeitung anzurufen, bat, den Autor der Nachricht sprechen zu dürfen, und schrie dann in den Hörer: »Mein Neffe liebte ganz besonders Katzen!« Dann habe ich aufgelegt, ohne auch nur eine Antwort abzuwarten.

Im Bahnhof ist jetzt ein großes Hin und Her. Jeden Jungen, der mir begegnet, grüße ich.

WOHNUNGSWECHSEL

Nach und nach hätte sich der Körper im Schlaf aufgelöst. Das wäre, zumindest für den Augenblick, die letzte Spur der Wohnung geblieben. Dann kämen die Pakete, die Koffer, das Cellophan: Die gesamte Wohnung hätte den Ort, die Lage, in einem gewissen Sinne den Zustand gewechselt. Es war also ein Opferungsakt, gleichwohl aber auch ein Triumph, diese Verlegung zweier Körper, der eine im anderen eingeschlossen, mit einer langen, sehr tiefen Rast zu feiern. Emilia hatte drei Schlaftabletten eingenommen: ein wahres Bankett für sie.

Die Wohnung hätte begonnen zu verschwimmen, die Wände ringsum hätten zeitweilig Botschaften zurückgesandt, die Stimmen hätten sich neu zusammengefügt. Jeder Laut hätte hinter sich einen schwachen Schweif hergezogen, ein verlängertes Gute-Nacht-Geflüster. Die beiden Körper konnten sich nun vereinigen, einander nähern in der betäubenden Notwendigkeit, sich voneinander zu lösen. Emilia spürte ein letztes Nachgeben, etwas, was sich in ihrem Rachenraum zusammenschnürte. Sie glaubte, zuviel geraucht zu haben, vielleicht eine beginnende Grippe zu spüren. Aber das war es nicht: es waren, aus der Tiefe ihres Mundes, noch einige Worte, die herauswollten, um sich Laut zu verschaffen. Emilia aber sagte nichts. Sie legte das Gesicht auf das Kissen, bis es völlig darin verborgen war. Die Augen fielen hinab, auf sie selbst, an die Stelle, die ihr als ihr natürlichstes Wesen erscheinen mußte, zwischen die Lippen und den Magen. Sie stellte sich selbst für einen Augenblick als einen großen, unnützen Hohlraum vor. Sie glaubte zu schreien, aber das war schon die Szene des Traums, die von ihr Besitz ergriffen hatte.

Am Morgen, wie stets, begannen die Dinge sich zu vereinfachen. Emilia stand ein ganzer Sonntag bevor, den sie allein mit sich selbst zu verbringen hatte. Sie würde damit beginnen, Ordnung zu machen, die Bücher einzupacken, alles vorzubereiten. Es gab noch viel, fast alles, zu erledigen. Aber nach wenigstens zwölf Stunden Schlaf erschien es ihr viel einfacher. Sie lächelte: gewiß, es hätte ihr gefallen, weiterzuschlafen. Für sehr lange Zeit, für all die Zeit, die sie sich vorzustellen vermochte.

In den letzten Wochen hatte sich ihr Leben auf ein sonderbar verzweifeltes Dahinleben beschränkt. Emilia war jeden Abend mit einem anderen Mann ausgegangen. Es kam ihr fast so vor, als ob der Schatten ihrer vor zwei Jahren gescheiterten Ehe sich endlich verzogen habe. Hin und wieder hatte sie daran denken müssen, aber allmählich begann sie zu vergessen. Sie akzeptierte ihre Rolle mit einem Anflug von Enthusiasmus. Sie glaubte sogar, eine reife, unabhängige Frau geworden zu sein. Am Abend, in der Unordnung der Wohnung, organisierte sie für sich selbst kleine Feste, bestehend aus ihren Lieblingsplatten, einigen Gläsern und einem Joint.

Vielleicht war die einzige Sache, die ihr ernsthaft zu fehlen begann, die Tatsache, daß sie nicht mehr in der Lage war, irgend etwas zu tun. So überließ sie sich verstiegenen Phantasien, ersann Filme, die sie niemals realisieren würde, erdachte Geschichten, um sie schon am Tag danach zu vergessen.

Viele Nächte verbrachte sie, ohne die Augen zu schließen. Sie sagte sich: »Wie wird es mit mir enden?«, dachte noch einmal an den letzten, faden Liebhaber, und so wurde es Morgen.

Am Sonntag jedoch wurde ihr bewußt, daß sie etwas tun müsse. Ohne es zu bemerken, hatte sie die Zeit vertan, sich von zu vielen Dingen gelöst, und der Umzug stand nun unmittelbar bevor. Sie wählte eine Nummer, sagte: »Ich möchte mit Signor Carlo sprechen«, und wartete. Auf der gegenüberliegenden Straßenseite sah sie, wie ein großes Werbeplakat geklebt wurde, vielleicht für eine Ausstellung. Darauf stand: »Fälschungen und Fälscher«. Sie hatte keine Gelegenheit, darüber nachzusinnen; Signor Carlo war bereits dabei, ihr das Nötige zu erklären: etwas, das sich so anhörte, als sei alles Notwendige für eine kosmetische Operation vorzubereiten. Gewiß hatte sie mißverstanden. Sie tat so, als habe sie sich Notizen gemacht, dankte und verabschiedete sich: »Bis morgen also.« Aber was wäre am darauffolgenden Tag geschehen? Vielleicht konnte es ihr im Grunde gleichgültig sein. Es war der letzte Tag in »ihrer« Wohnung. Ihr wurde klar, daß sie niemals hätte akzeptieren dürfen, von hier wegzugehen. Nicht jetzt, wenigstens. Wo sie doch gerade so um die fünf oder sechs Liebhaber hatte, die bereit waren, mit ihr intime Abendessen für die nächsten zwanzig Tage auszumachen.

Jetzt hat sich Emilia vom Sofa erhoben. Sie geht einige Schritte in der Wohnung umher. Es gefällt ihr, so herumzubummeln, bevor sie die Teller vom Vorabend abwäscht. Abendessen, schon wieder Abendessen, mit allen Raffinessen. Vor dem Spiegel konnte sie nicht umhin, festzustellen, daß sie in einem Monat um sechs bis sieben Kilo zugenommen hatte. »Aber so geht es auch«, sagte sie. Jetzt erinnerte sich Emilia an ihren Traum, der in diesen Tagen stets wiederkehrte. Vor dem Einschlafen sah sie sich wiederholt als einen einzigen, großen Mund. Ein weit geöffneter Mund, der etwas brüllte, aus dem aber kein Laut drang. Nichts. Es war der Mund eines Wals, und dieser Wal war sie. Emilia fühlte sich massig, schwer. Nicht zufällig hatte sie beschlossen, wußte jedoch nicht, inwieweit vorsätzlich, ihren Traum nicht einmal ihrem Analytiker zu erzählen. Sie verspürte keine Lust zu interpretieren, zu assoziieren oder zu verstehen. Und endlich gefiel ihr dieser Traum so wie er war, und das sollte reichen.

Das wahre Problem war ein anderes: sie fühlte sich zunehmend ausgetrocknet, willenlos. Sie akzeptierte das, was kam, ohne die Kraft zu haben, »Nein, heute abend habe ich bereits eine Verabredung« zu sagen oder: »Kann ich dich in einer Stunde sehen?« Es war ihr einfach völlig gleichgültig. Der Umzug war nur ihr letzter Einfall, eine Ressource, die es auszunutzen galt. Aber jetzt ermüdete sie auch das. Zu viele Verpflichtungen, zuviel Einsatz für nichts. Sie stünde da, darauf wartend, daß eine leistungsfähige, gezielt vorgehende Firma käme, um sie, sorgfältig verstaut und so weiter, an einen anderen Ort zu bringen. Ja, aber wohin eigentlich? In eine andere, freundliche Wohnung, ganz geordnet und sauber bis zum Überdruß? Ein weiterer glänzender Glaskasten, in dem sie ohne irgendein Gefühl blonde oder dunkelhaarige Männer, je nach atmosphärischer Lage, empfinge? Um Himmels willen, besser nicht. Ihr Gefühl der Einsamkeit hatte sich geschichtet und ihr ein Bild von sich selbst geschaffen, das eines Körpers ohne Organe, massig und hohl.

Fast, als müsse sie auf die eigene hartnäckige Stille reagieren, versuchte Emilia sich ein Drehbuch für einen neuen Film auszudenken. Sie würde ihn in realer Zeit drehen, und es würde eine elementare, fast unwirkliche Geschichte sein. Jede Geste wäre überlegt, gewunden. Ja, an die linke Spalte des Textes würde sie schreiben: feierlich. Danach hätte sie nur ganz wenig hinzuzufügen: mehr oder weniger Hinweise für sich selbst, Notizen, nichts Unumstößliches, Unabänderliches. Sie wollte sich Raum freihalten, um zu verändern, neu zu erfinden. Erst beim Schneiden würde sie die wirkliche Zeit durcheinanderbringen, sich für deren ungerechtfertigte Zusammenziehung entscheiden und nahezu ruckartig vorgehen, durch wiederholtes Unterbrechen der Handlung, durch erbarmungslose Kehrtwendungen.

Die Küche ihrer Wohnung hätte die Szenerie gebildet. Das Licht ist übertrieben stark, weiß. Überall stehen schon verschlossene Pakete herum mit Aufschriften wie

»Gläser – ZERBRECHLICH« oder: »Putzlappen – Tischtücher«. Alles ist sauber, aseptisch, bis auf die Spüle mit den verschmutzten Tellern vom Vorabend. Emilia wäscht sie nun, einen nach dem anderen, mit großer Sorgfalt ab. Sie verspürt für diese Objekte, für ihre unbedeutendsten Utensilien, eine verborgene Zärtlichkeit, ein Gefühl komplizenhafter Einzigartigkeit. Nur die größeren Kochtöpfe bereiten ihr Unbehagen, stören sie.

Sie versuchte, sich Marco in dieser Situation vorzustellen. Er würde, bevor er auf der Leinwand erschienen wäre, zu hören gewesen sein. Er hätte angefangen zu lärmen, die lächerlichsten und widerlichsten Schallplatten aufzulegen. Außerhalb des Bildfeldes konnte man ihn vor dem Spiegel des Badezimmers singen hören, und es ist gräßlich, gleichzeitig seine Stimme, vermischt mit dem Strahl des warmen Wassers, zu hören. An diesem Punkt wäre sie gezwungen gewesen, Geistlosigkeiten über ihre Tätigkeit zu schwatzen, zu sagen: »Ja, danke«, und »Nein, danke.« Alles ein Auf und Ab an gegenseitigen Höflichkeiten und Falschheiten. Vielleicht auch an Lügen. Denn gewiß, sie konnte ihn nicht unterschätzen: Marco war ein großer Lügner. Ein x-beliebiger Idiot.

Schon wenn sie nur daran dachte, war sie gezwungen, einen Moment zu unterbrechen. Diese Szene hätte sie, zweifellos, gestrichen. Sie legte die ganz vom Schaum des Spülmittels überzogene Gabel auf die Spüle und sagte, außerhalb des Textbuchs: »Aber warum bin ich mit ihm ins Bett gegangen?« Ist es möglich, daß es die übliche alte Geschichte war, die gegenseitige Anziehung, eine mittelmäßige sexuelle Leibesübung? Und wer weiß, warum, aber es gibt auf diese Fragen niemals eine vernünftige Antwort. Das zu begreifen, war Emilia durchaus in der Lage, aber es reichte nicht, um sich wieder besser, erleichtert zu fühlen.

Sie wusch die Gabel gewissenhaft ab, zu drei Vierteln im Bild. Die Messer und Kaffeetassen ging sie aggressiver, ja fast in angstvoller Unruhe an. Dann trocknete sie alles, verstaute das Geschirr im letzten verbliebenen Karton, klebte ihn zu und gönnte sich eine Pause. Ohne es zu bemerken, hatte sie schon die Hälfte des Tages hinter sich gebracht, hatte, von ihrem Spiel getragen, damit begonnen, ihn zärtlich zu doubeln. Und sie war sich selbst dafür, dieses eine Mal, dankbar. Jetzt konnte auch Guido ins Bild treten, aber mit dem Rücken, ganz im Bild, mit seinem Schweigen, seiner umsichtigen Abwesenheit. Seltsamerweise hat Emilia bemerkt (zuvor hatte sie nicht darauf geachtet), daß, seit sie die Projektion ihrer letzten Partner inszenierte, das Telefon zu läuten begonnen hatte und, da sie nicht abhob, sich in ein systematisches Klingeln verwandelte, das den Rhythmus ihrer Abschweifungen skandierte. Noch einmal also das Telefon: Diesmal kommt der Ton aus dem Fernseher, der in der benachbarten Wohnung läuft.

Emilia konnte es sich nicht versagen, den Hörer dennoch abzunehmen. Es antwortete niemand, aber sie sagte: »Ich weiß nicht, Guido, ich würde mich gerne ruhiger fühlen, befreit von deinem ständigen Klingeln. Hören wir uns morgen.«

Sie legte auf. Nach dem dritten Glas wurden ihre Gedanken einfacher. Sie sagte: »Aber was wissen die eigentlich von dem, was mir durch den Kopf geht?« Dann, mit besser angesetzter Stimme: »Aber warum schließlich sollten sie sich danach fragen?« Emilia hatte bis zu diesem Tag keine direkten Fragen mehr gestellt. Obwohl viele Fragen an sie gerichtet wurden, vor allem nach dem Tod von Mario: Fragen nach der unterbrochenen Arbeit, nach der Scheidung, nach allem Möglichen. Und diese Fragen waren hier und dort in der Wohnung verstreut geblieben, gebündelt hinter den Möbeln, zwischen den sauberen Bettüchern, in den unmöglichsten Ecken. Allesamt dort, unerledigt, hinderlich. Schon deshalb (und die Sache bereitete ihr ein kindliches Vergnügen) hatte Emilia beschlossen, daß es besser, entschieden besser wäre, die Wohnung zu wechseln.

In diesen letzten Stunden, bevor sie auch ihren Körper eingepackt und fortgetragen sah, beschloß sie, sich und ihrem Bruder einen Abschiedsbrief zu schreiben. Sie entschied sich für einen möglichst unbefangenen Ton und versuchte, sich einer für gewöhnlich äußerst schwierigen Prüfung zu unterziehen: dem starren Blick in die Kamera. Für viele Sekunden, ohne mit den Wimpern zu zucken, betrachtete sie ihr Publikum. Sie begann so:

Lieber Mario, verzeih, wenn ich Dir erst jetzt schreibe. Auch ich weiß, daß es spät, daß zuviel Zeit vergangen ist. Ich bin hier wie zurückgezogen, in mich zusammengerollt. Seit Du nicht mehr da bist, habe ich den Eindruck, daß die Jahre alle gleich sind. Alles ist iden-

tisch, alles unerreichbar. Ich kann mir auch vorstellen, wie Du mir vorwirfst, daß ich nicht genug an die Kinder denke, daß ich mich nicht um ihn scheren soll (siehst Du, daß ich nicht einmal seinen Namen niederschreiben will...).

In der Wohnung herrscht heute große Stille. Ich bin nur hier, um Dir diesen Brief zu schreiben. Ich habe das Wochenende ganz in Deinen Dienst gestellt: Wird Dich das wenigstens zufriedenstellen? Wird das Dich davon überzeugen, daß ich Dich nicht vergessen kann? Andererseits hast Du es, entschuldige, auf Deine Art immer gewußt. Dir zu Ehren jedenfalls, während ich an Dich denke, höre ich Deine Lieblingsplatte: ich habe sie eben gefunden, ich schwöre es, und sie sofort aufgelegt. Anfangs war mir auch ein bißchen zum Weinen zumute. Ich dachte an jenen Ferragosto in der schrecklichen Hitze, das Telefon, das nicht funktionierte, an die Wettrennen auf der Treppe. Ich habe Dich nie danach gefragt (aus Scham? Aus Nachlässigkeit? Ich weiß es nicht mehr), aber ich war neugierig zu wissen, auf wen Du gewartet hast, wer dieser Jemand war, der anrufen sollte. Jetzt habe ich den Verdacht, daß es ziemlich viele gewesen sein müssen. Aber keiner tat es: Scheißkerl, wer immer es war.

Ich dagegen erwartete gar nichts. Ich tat nur so, damit unser gemeinsames Spiel besser funktionieren konnte. Deshalb brachte ich mich in den Besitz der Hörmuschel. Wenn ich jetzt daran zurückdenke, dann fühle ich mich etwas schuldig, ich war sadistisch, aber Du, sag die Wahrheit, hast Dich über meine kleinen

Listen und Gemeinheiten amüsiert. Es ist nicht einfach, Bruder und Schwester zu sein: Ich erinnere mich, wie Du es vermieden hast, von »bestimmten Dingen« zu reden, und mir dagegen Bücher und Romane geschenkt hast, die seltsame Liebesgeschichten enthielten. Ich glaube, ich bin einer der größten Experten für homosexuelle Literatur auf der Welt. Auch weil, wenn Du es auch nicht geglaubt hast, ich alles, wirklich alles gelesen habe.

Die erste richtige Unachtsamkeit Dir gegenüber, glaube ich, fiel zusammen mit meiner Heirat. Mir spieltest Du vor, daß Du glücklich darüber seist. Du riefst mich jeden Tag an, wolltest alles wissen, wie es ging, was ich so dachte. Und dennoch, am Hochzeitstag warst Du so seltsam: Du hast kein Wort gesprochen. Ja, sicher, Du warst ergriffen, wo Dein Schwesterchen jetzt eine Frau Soundso wurde, gewiß, das hast Du fast zu oft wiederholt. Eben.

Ich dachte, ich wäre wirklich verliebt. Und dann weißt Du ja, wie es gelaufen ist: zwei Kinder, die Wohnung, die stets größer und gastfreundlicher sein mußte, die Kollegen und meine Arbeit, die dabei völlig in den Hintergrund geriet. Denk Dir, seit damals habe ich nichts mehr gedreht: Schluß, es gelingt mir nicht, das ist alles.

Einmal habe ich mich auch in einen Jungen verliebt, der mein Sohn hätte sein können. Ich weiß nicht, warum, oft habe ich daran gedacht, daß er Deinem Freund ähnelt, auch wenn ich den nie gesehen habe. Nun gut: dieser Junge studierte Regie und war sehr hübsch, vielleicht um die zwanzig. Ich werde Dir nicht sagen, wie er hieß. Wie auch immer, ich habe ihn bei einer Vorführung kennengelernt. Er kannte mich vom Sehen. Er war schüchtern oder kam mir zumindest so vor und stellte mir einen Haufen intelligenter Fragen. Ich antwortete mechanisch und sah ihn dabei an: die etwas zu langen, dunklen Haare, den Schnitt der Lippen, die Augen. Ich dachte daran, daß, wenn Du dabei gewesen wärest, es ein richtig schönes Match zwischen uns beiden gegeben hätte.

An einem bestimmten Punkt habe ich gesagt, daß ich in Eile wäre und los müsse, daß es mir aber gefallen würde, das Gespräch fortzuführen. Ich gab ihm meine Telefonnummer: »Rufen Sie mich an, und haben Sie keine Sorge, mich zu stören« (stell Dir vor, wir siezten uns noch immer). Eine Woche verging: ich schloß mich zu Hause ein, um zu vermeiden, daß er anruft, ohne mich anzutreffen. Ich war nervös, eine elektrische Säule: Einen Anruf von jemand Unbekanntem zu erwarten, von dem du nicht einmal weißt, ob er je anruft, ist eine Marter (das bestätige ich Dir hiermit und entschuldige mich für die Verspätung, in Ordnung?). Um es kurz zu machen, sieben Tage später hat er angerufen. Im Moment traf mich der Schlag, ich war verwirrt, habe gesagt: »Es tut mir leid, heute bin ich sehr beschäftigt. Ich denke, wir können uns übermorgen auf einen Kaffee verabreden. Um sechzehn Uhr dreißig. Danke.« Die übliche Technik. Danach habe ich mir Gedanken über den Rock gemacht, den ich anziehen würde. Ich hatte mich an der gewohnten

Stelle verabredet: Erinnerst Du Dich, jedesmal taten wir so, als wenn wir einander nicht kennen, wenn wir uns dort trafen. Ich spielte die Dame, die vom typischen Idioten belästigt wird, der den Papagallo mimt. Dir ging es damals gut, ich habe Dich danach nie wieder so glücklich gesehen, Du wirktest wie einer, dem alles egal sein konnte (außer mir, obvious).

Emilia hat aufgehört zu schreiben. Trotz des gewollt heiteren Tons ihres Briefes und mancher unmotivierter Lüge ertrug sie die Vorstellung nicht, sich direkt, ohne den schützenden Schleier der Erinnerung, an den Bruder zu wenden. In ihrem Innern muß Mario sich noch klären, auf der Schwelle des Bewußtseins verfließen. Im übrigen war das Leben Emilias, bis zu diesem Sonntag, immer bestimmt von einer Schwelle oder einer Stokkung, von einem Ereignis, das sie auf irgendeine Weise wiederbelebte. Und jetzt war es der Umzug, der vor ihr stand.

Und schließlich, warum sollte sie die Geschichte des zwanzigjährigen Jungen erzählen? Sie war sofort zu Ende, auf schmerzlose, glanzlose Weise. Sie hatten sich auf einen Kaffee getroffen; er war pünktlich zur Stelle, sie mit einer leichten, gewollten Verspätung. Sie hatten Sätze gewechselt wie: »Die Schriftstellerei, ja, gewiß«, oder: »Ich arbeite an diesen Ideen«, oder auch: »Man müßte das Kino berücksichtigen.« Aber im Grunde war Emilia nicht in der Lage, irgendein zusammenhängendes Gespräch zu verfolgen. Sie betrachtete den Jungen und Schluß. Sie hätte gerne einfach erklärt: »Ich liebe dich«, und nach einer Pause, einem Schweigen, hinzugefügt: »Du weißt gar nicht, wie sehr.« Der Junge hätte gelächelt, sich ihr genähert, ihre Brille abgenommen und versprochen: »Ich auch.« Emilia hätte ihn in diesem Moment geküßt. Sie hätte ihren Mund wie ein großes Tor geöffnet, hätte ihn gegessen und gekaut, ihn in sich aufgenommen wie ein zweites Ich, eine zweite Natur. Sie hätte ihn geliebt, auf ihre Weise. Auf absurde Weise.

Es begann zu regnen. Die Wohnung war in der Zwischenzeit zum Leben erwacht. Emilia kam es fast so vor, als ob die Lichter von alleine angegangen wären, ein jedes die eigene Strahlkraft bestimmend. Sie starrte auf die Bäume vor dem Haus, versuchte im Dunkeln den Umfang jedes einzelnen Regentropfens auszumachen. Sie stellte sich ein mittleres, vernünftiges Einheitsmaß vor, und diesem glich sie das gesamte Regenkonzept an. Eine kollektive Bezeichnung, innerhalb derer sie nun die chemische Individualität des Wassers herausarbeiten konnte. Sie entfernte sich einige Schritte vom Fenster und versuchte an eine andere Einstellung zu denken: Ein langsamer, harmloser Kameraschwenk hätte die Geschwindigkeit, mit der der Regen fiel, gleichzeitig suggeriert und festgehalten. Es hätte ihr gefallen, all das zu filmen und dabei ein »transparentes« Jenseits der Fenster zu simulieren. Der Wolkenbruch hätte sich so abgezeichnet wie eine innere Erfahrung: gläsern und zugleich physisch konkret. In die Einstellung des Fensters klebte Emilia das Bildnis des Jungen. Er hatte sich als intelligent, sehr schüchtern, durch ihre Aufmerksamkeit geschmeichelt erwiesen. Aber er hatte nichts begriffen. Sie hatte anfangs noch gehofft, hatte hier und dort anspielungsreiche Sätze fallenlassen, ihm wiederholt die diskrete Tür der Lippen öffnend. Aber es waren nicht entzifferbare Anspielungen, die nur sie als explizite Annäherungsversuche erkennen konnte.

Sie ließ es gut sein. Sie hatte gesagt: »Gut, ich muß Sie jetzt aber wirklich verlassen. Ich hoffe, Sie wiederzusehen«, und war sogar ein wenig errötet, als sie sich erhob. Fest entschlossen war sie fortgegangen, sah sich selbst, bei unbewegter Kamera, von hinten aufgenommen.

Im Zimmer war sehr viel Rauch. Auf dem Film hätte er angedeutet, daß zwischen ihr und den Objekten sich zunehmend eine gewisse Distanz bemerken ließ, ein notwendiger Filter für die nächste Abweichung vom Handlungszentrum. Emilia nahm ihre Arbeit wieder ruhig auf: sie widmete sich der Garderobe, als ginge es um ein erstes Sondieren. Dann tat sie ihre Kleidung in drei Koffer, bereitete sie wie für eine kurze Reise vor. Auf deren Anordnung gab sie dabei nicht acht (während sie sonst eine exakte Ordnung verfolgte, sorgfältig geschichtet und die Schuhe zu den Seiten). Sie stellte fest, daß sie seit einiger Zeit schon keine Einkäufe mehr für sich machte: sie besaß nur wenige Kleidungsstücke, seit Jahren dieselben. Und doch betrachtete sie sich noch immer als eine elegante Frau. Sie schloß die Koffer mit einer seltsamen Heiterkeit: sie hatte erstmals ihre eigene Schlampigkeit entdeckt.

Im Schlafzimmer nahm sie von den Nägeln in den Wänden die wenigen Bilder, an denen ihr lag. Den Rest, die Möbel und all den Plunder, der sie zum Bersten brachte, würde sie hierlassen, als Hinterlassenschaft. Sie wollte alles ändern. Jetzt bedauerte sie nur, den Fernseher bereits weggeräumt, in einer Kiste verpackt zu haben. Schade.

Sie überlegte, ob sie jemanden anrufen sollte, wußte aber nicht recht, wen. Es hätte ihr gefallen, ihrem Bruder zu erklären, wie die Geschichte mit dem Jungen ausgegangen war. Aber ihren Bruder konnte sie wohl kaum in der anderen Welt anrufen. Sie konnte fortfahren, ihm zu schreiben, das ja. Auch wenn sie ihm den Brief nicht würde schicken können. Das Schreiben konnte ihr aber die Vorstellung der Fürsorge vermitteln, ein Bild der Hingabe. Auf gewisse Weise konnte sie sich ins Gebet versetzen, in eine Art inneren Gesang. In eine eigene, nie geäußerte, nie gesprochene Sprache.

Am Tisch sitzend, schrieb sie jetzt:

Siehst Du, Mario, ich habe keine Lust mehr verspürt zu arbeiten, seit Du fortgegangen bist. Das war eine folgerichtige Entscheidung. Vielleicht kann ich mich nicht deutlich machen. Aber welche Bilder hätte ich erfinden können? Welche Verdoppelung der Wirklichkeit hätte ich schaffen können, wo doch schon diese Welt, diese Gegenstände, meine eigene Person vage und undeutlich und schließlich so schnell vergänglich sind?

Ich weiß nicht, wie ich es sagen soll, Mario, aber wenn du etwas erfindest, mußt du auch an jemand denken, an den du dich wendest, und ich habe mit Dir meinen Gesprächspartner verloren... Anfangs habe ich mich dazu gezwungen, die Tatsache, daß Du nun nicht mehr da warst, nicht wahrzunehmen: Deshalb kam ich nicht auf Dein Begräbnis, habe ich nie wieder von Dir gesprochen. Ich bildete mir ein, Dich in mir bewahren zu können, unversehrt. Aber dann begreift man, daß es eine Fiktion ist, und so ist das Schaffen weiterer Fiktionen, das Fortschreiten in anderen Doppelungen nicht mehr möglich. Ich habe auch begonnen, mich selbst als eine Art Double meines Ichs zu fühlen. Von mir, meinem Körper, meiner Beschaffenheit, meiner Fleischlichkeit, scheint mir allein der Mund geblieben zu sein. Und durch den Mund spräche ich gerne zu Dir. Aber der Deine ist nicht mehr da, und ich habe keine Lust, Dir so zu schreiben...

Emilia hat zu weinen begonnen, ohne recht zu wissen, warum. Sie schluchzt wie ein Kind und kann nichts dagegen tun. Sie denkt nicht an ihre Kinder oder an irgend etwas Bestimmtes. Sie weiß nur, daß ihre Spiele, ihr Zeitvertreib ein für allemal zu Ende sind. Selbst die Sache mit dem Umzug scheint bereits verbraucht, unnütz.

Sie stellte sich eine Gesamtaufnahme ihrer Wohnung vor: Allmählich entfernte sich die Kamera, hinterließ zunächst die Zimmer und dann das gesamte Gebäude in einem unterdrückten Licht und verlieh den umgebenden Straßen ein seltsames, sonderbares Strahlen.

Sie begriff, daß sie bis zum Tode ihres Bruders bestrebt war, einzelne Teile ihrer Erfahrungen durch deren Neuerfindung zu ordnen. Aus diesem Grunde hatte sie sich in der matten Linse von Marios Leben selbst erkennen können oder doch zumindest jenen Teil von sich, der ein eigenes Prinzip der Erfindungskraft beanspruchte. Mario war also im Grunde eine Leinwand oder vielleicht ihre geheime Kamera, das Auge, durch das die Wirklichkeit wahrgenommen und neu interpretiert werden konnte. Mit dem Verschwinden des Bruders war ihr Wunsch zu filmen, zu spielen erloschen, eingeschlossen in den Schatten ihrer biologischen Undurchsichtigkeit. Jetzt verführte sie das Dunkel, nicht das Licht. Und möglicherweise war es kein Zufall, daß ihr ganzes Leben eine neue Richtung genommen hatte: Zum Beispiel verzichtete sie, wenn auch inzwischen verspätet, auf die Vorstellung, Mutter zu sein...

Wieder am Fenster, riß Emilia die Flügel auf, um die verdorbene Luft des Wohnzimmers herauszulassen. Sie dachte daran, daß sie diese Bewegung nicht mehr wiederholen würde. Nicht auf die gleiche Weise zumindest. Es hörte auf zu regnen, war etwas kalt. In diesem Augenblick gefiel ihr die Vorstellung von einer, die ans Fenster tritt, den Mund immer weiter öffnet und dann schreit. Schreit, solange sie Lust dazu hat, schreit ohne irgendeinen bestimmten Grund. Töricht fühlte sie, daß es ihr großen Spaß gemacht hätte, es selbst zu tun, aber es war zuviel für sie. Sie riskierte dabei, daß irgendein Nachbar sie hörte, daß irgend jemand sich beunruhigte. So dachte sie, wenngleich nur für einen Augenblick, liebevoll an eine Einstellung, in der eine Frau, die ihr völlig ähnlich war, bevor sie gegen die ganze Stadt anschreit, jedes Objekt fixiert, das in ihren Blick gerät. Für diese

Einstellung hätte Emilia das Licht der Abenddämmerung benutzt, dabei ein subtiles, dichtes Gleichgewicht aus den letzten Strahlen der Sonne und einem künstlichen, elektrischen Leuchten herstellend. Sie hätte versucht, diese Einstellung, diesen weichen Halbschatten so lange wie möglich festzuhalten, bis alles ganz langsam an der Schmerzgrenze verschwunden wäre. Und auch dieser Todeskampf hätte lange gedauert, hätte sich in der Iris des Zuschauers festgesetzt. Dann, nachdem das letzte Lichtteilchen sich für immer aufgelöst hätte, würde sie sich zusammen mit ihrem anderen Ich aus dem Fenster beugen... Wie ein Paket, schwer und hohl, ließen sie sich fallen. Eine nach der anderen.

DRAUSSEN

Die Zelle mißt etwa vier mal fünf Meter. Zuerst war sie anders, schmaler und länger, und ihr Fenster war höher als dieses.

Vielleicht war es einfach eine andere Zelle. Nach sieben Jahren ist es schwer, mit Sicherheit zu sagen, was sich verändert hat und was gleichgeblieben ist in meinem Leben. Nach sieben Jahren hier drinnen, meine ich. Ob hier oder woanders, macht keinen großen Unterschied.

Ihr werdet sagen: Was sind schon sieben Jahre. Und in gewisser Weise habt ihr recht. Aber doch ist es lang, weil hier drinnen (oder woanders) sieben Jahre sich ziehen, sich ausbreiten wie ein Archipel und jede Stunde schon wie ein Jahr ist. An einem Tag vollziehen sich tiefe Veränderungen, lassen sich ganze Existenzen planen, man heiratet, läßt sich scheiden, reist: man hat unendlich Zeit, über jedes kleinste Ereignis nachzudenken, jede Geste wird interpretiert, entschlüsselt. Im Laufe dieser Jahre habe ich oft die Lebensweise geändert. Ich war aufbrausend oder sanft, heterosexuell oder homosexuell und habe häufig meinen Standpunkt geändert. Draußen habe ich mir eine immer schnellere Welt gedacht, während mein eigenes sichtbares Universum fortging wie verzögert. Die Tage oder die Monate haben sich dadurch verlängert, meine Wahrnehmungen, die auch reiner geworden sind, immer mehr verlangsamt. Jetzt würde ich von mir behaupten, daß ich mehr verstehe, ohne zu wissen, was. Ich glaube, daß ich viele andere Leben brauchen würde, um einen Gegenstand in seiner Ganzheit zu erfassen. Auch mein Körper hat diesen Prozeß durchlaufen. Ich gehe nur noch wenige Schritte, und die erlaubten vier Stunden im Hof sind mir schon zuviel. Zu ermüdend. Ich hatte sogar Angst, daß ich nach und nach in der Mitte zwischen dem Dasein und der Aufhebung meiner selbst enden würde, daß der Reiz der Verzögerung mich auf Dauer zur Unbeweglichkeit schlechthin führen würde. Jetzt scheint mir diese Gefahr gebannt: In ungefähr einer Woche werde ich draußen sein. Mein Dasein wird sich sozusagen normalisieren.

Die erste Geste war die des Schreibens. Nach dem Prozeß, nach der anfänglichen Verzweiflung habe ich eine Schreibmaschine und etwas Papier verlangt. In sieben Jahren habe ich acht Erzählungen geschrieben, die ich einige Male überarbeitet, ausgefeilt, neu geschrieben habe. Noch viele andere habe ich mir ausgedacht, ehrlich gesagt. Am Anfang drängte das Schreiben in eine andere Richtung, stockte merkwürdig oben auf der Seite. Wochenlang irrte ich in der Zelle oder im Hof mit einer fixen Idee umher: Eine bestimmte Figur beherrschte mich, es gelang mir, jeden inneren Beweggrund, jede Nuance von ihr zu erfassen, und doch entzog sie sich mir, unwillig, sich betrachten zu lassen. Manchmal fühlte ich sogar, wie eine Art Verweigerung sich einstellte, ein zäher Widerstand, sich auf das Blatt bannen zu lassen. Es war so, als wenn man sich leidenschaftlich in jemand verliebt und versucht, seinen Körper zu erkunden, und genau dann verschwindet er, wird verschluckt von irgendwelchen anderen Kräften.

Nach einiger Zeit kam mir das Schreiben wie das Gegenteil einer befreienden Geste vor. Statt dessen hörte ich in dem mechanischen Klappern meiner Schreibmaschine etwas Verschlossenes, etwas Eingeschlossenes eben. Die sich verdichtenden Worte und Zeichen auf jeder Seite hatten etwas Klaustrophobisches. Hartnäkkig verwandelte sich die Syntax in ein neues Gefängnis. Die Vorstellung, die ich mit dem eigentlichen Akt des Schreibens verband, war die von ungelöschtem Kalk, von einer Mauer, die die befreiende Leere des Blattes einsperrte. Schließlich dachte ich an Rache, die einen offenen Raum schädigte. Doch die Vergeltung war nur halb: Vor dem vollgeschriebenen Blatt fühlte ich mich von einem seltsamen Prozeß der Identifikation geschlagen und von stummer Ergebenheit gegenüber dem gerade Geschriebenen. So fühlte ich mich als Mann oder Frau, in einer großen Stadt oder auf dem Land, wo auch immer. Ich war irgend jemand. Ich konnte sterben und dann wieder auferstehen und dabei immer ich selbst sein. Erzählte mir hundertmal meine Erinnerungen, meine Gefühle, bis ich sie wieder einschloß. Bis ich ein anderer war.

Erstaunlicherweise lief ich Gefahr, wenn ich verschiedene Charakterzüge und Sehweisen annahm, mein eigenes Erleben völlig zu vergessen. Ich habe Zeiten geistiger Verwirrung durchlebt, wurde sogar einige Male wegen sonderbarer psychischer Störungen in die Krankenstation eingewiesen. In diesen Momenten fühlte ich mich wie ein Drogensüchtiger, der ab und zu seinen Kreislauf wieder hochbringen muß, um schließlich wieder bis zur letzten Konsequenz zu fixen. Was nicht unbedingt bedeutet, daß man sterben muß.

Das wirkliche Problem war also dieses: Von einem bestimmten Moment an kann das Schreiben nichts anderes sein als ein Käfig. Die Worte wiederholen sich, die Verben verbrauchen sich. Also käme es darauf an, die Klippe der Geste zu umschiffen und nur noch durch Bilder darzustellen. So habe ich an der Schwelle des Schreibens, eines leuchtenden, bereits entmaterialisierten Alphabets, einfach aufgehört zu schreiben. Ich hatte erkannt, daß die Leidenschaft, die mich sieben Jahre belebt hatte, vor allem eine geometrische Leidenschaft war. Ich wollte einzelne Regionen des Raums und der Zeit beschreiben, sie in Tinte kristallisieren. Der Drang, den Klang der Existenz genau wiederzugeben, führte mich dazu, ihn geradezu schicksalhaft zu zerlegen, zu läutern, ihn auf einen einzigen Akkord zu reduzieren. Ich war im Besitz einzelner Splitter, Fragmente meiner selbst, die wieder zu einem Muster zusammengefügt werden wollten.

Die deutlichste Vorstellung, die mir in den Sinn kam, war die einer Landkarte im Maßstab eins zu eins. Ein Plan also, der sich allmählich überlagerte, sich identifizierte mit meinem ganzen Ich und mit den anderen Identitäten, die in dem begrenzten Raum meines Kopfes beieinander wohnten. Aber hätte ich beim Erzählen von anderen verworrenen Existenzen, die mit meiner eigenen verflochten sind, mich selbst erzählen sollen? Hätte ich eine mehrschichtige Schrift wählen sollen? Wäre womöglich gar kein merklicher Unterschied entstanden zwischen der Erfindung einer Geschichte und ihrem sentimentalen Ausmaß? Doch bestand die Gefahr, zu einer Art Selbstbildnis, und sei es zweiten Grades, zu gelangen. Eine Aufnahme mit Selbstauslöser, von einem anderen auf den Film gebannt. So wurde mir meine schmerzvolle Einsamkeit bewußt. Ich konnte mich nicht einmal mehr im Spiegel betrachten. Nur wenn ich mir mit der Hand durchs Gesicht fuhr, merkte ich, daß der Bart gewachsen war. Wenn ich mich selbst beschrieb, konnte ich mich nicht wiedererkennen. Meine Züge hatten sich mit denen meiner Figuren vermischt. Ich verstand, daß das Spiel zu Ende ging.

Wenn ich mich ins Bett verziehe und den Rücken gegen die Wand lehne, sehe ich den grau ausgelegten Boden, der bis zur verriegelten Tür reicht. Die Klappe geht zweimal täglich auf, zu den Mahlzeiten am Mittag und am Abend. Ich gehe hin und nehme das Tablett entgegen, das mir ein Wärter hineinreicht. Dabei versuche ich jedesmal, ihn zu erkennen: Ein rascher Blick genügt, um den Schichtwechsel im Blick zu behalten. Mit einem von ihnen habe ich ein recht gutes Verhältnis. Da ich ein »Politischer« bin, glaubt er, daß ich automatisch besser bin als ein »Gewöhnlicher«. Ich habe Angst, daß er sich täuscht. Schreiben oder Bücherlesen dienen nur dazu, nicht durchzudrehen. Sie sind ein Zeitvertreib. Nichts anderes. Du brauchst ein Ersatzleben, wenn dein eigenes zum Kotzen ist.

Er ist wenigstens freundlich. Wenn ich »danke« sage, glaubt er antworten zu müssen: »Nichts für ungut.« Dafür, allein dafür bin ich ihm aufrichtig dankbar.

Einmal (ich war kaum länger als sechs Monate in diesem Gefängnis) habe ich ihn gefragt: »Wie heißen Sie?« Überrascht antwortete er: »Alessandro.« Und ich: »Vielen Dank, Sandro.« Die Verkleinerungsform machte ihn verlegen. Er schloß die Klappe, diesmal ohne lauten Schlag. Ich lächelte und fühlte mich ihm in einer eigenartigen Freundschaft verbunden.

Ich bedaure, daß ich nicht die Zeit hatte, etwas zu erzählen, das mit einem Flughafen zu tun hat. Oft habe ich in diesen Jahren an das glasige Licht gedacht, das eine Landebahn absteckt. Ich hätte es gerne beobachtet, erkundet, herausgelöst aus der wattierten Stille, die gewöhnlich auf großen Flughäfen herrscht. Ich habe ganze Nachmittage am Fenster meiner Zelle damit zugebracht, in der Luft einen Stoff zu finden, der diese Dichte hervorrufen könnte. Um diese Vorstellung herum wuchs mein Wunsch nach Flucht. Flucht, aber nicht irgendwohin, sondern auf ein Ziel, das mich durch eine gewaltsame physikalische Beschleunigung zurückversetzen könnte in das Gefühl der Unbeweglichkeit, das mich beherrschte.

Aber aus meiner Zelle konnte ich nur mit Mühe eine Biegung des Flusses erkennen, und ich nahm den bedrohlichen Lärm von Verkehr, Dingen und Menschen wahr, die sich auf einer Stadtstraße bewegen. Nach oben sah ich jedoch praktisch nichts, nur ein Netz aus Mauern und Fenstern, die ähnlich wie meines waren, mit anderen eingeschlossenen Menschen dahinter. Nachts war es anders, dann konnte ich in der dichten Dunkelheit eine stille Flugbahn erahnen, so weit entfernt, daß sie nicht auszumachen war. In diesen Augenblicken hätte ich mir gewünscht, alle Informations- und Regelsysteme des Verkehrs da oben zu kennen. Ich träumte nicht davon, Pilot zu sein, eher ein Dauerreisender, der die genaue Beschreibung des Gefühls seiner falschen Bewegung im nächtlichen Himmel schriftlich festhalten könnte. Aus dem Inneren des Flugzeugs hätte ich die Falten der Landschaft beschrieben, die physikalische Neigung meines Körpers, die weiche Masse der Wolkenbänke. Dann, nach dem Lösen des Sicherheitsgurtes, wäre ich aufgestanden, hätte ein neues Gleichgewicht gesucht, mit mäßiger Kraft geatmet, um mich auf eine glatte Landung, ohne Sprünge, nur leicht wellig, vorzubereiten. Und die Füße auf dem Boden, hätte ich die andersartige Tönung der umliegenden Nacht, eine rhythmische sprachlose Dunkelheit, mit jener unerklärlichen Höhe verglichen.

Jetzt kann ich nicht mehr an diese Spur, an diesen Gang der Erzählung denken. Die Tatsache, daß ich in wenigen Tagen draußen sein werde, hat meine Vorstellungskraft endgültig lahmgelegt. Nur der Körper bewegt sich, immer schneller.

Heute nacht habe ich geträumt. Ich erinnere mich an nichts Genaues. Ich weiß nur, daß mein Blick sich auf stark beleuchtete Gegenstände richtete und daß mein Körper sich ins Innere eines Wagens bewegte. Aber meine Geschwindigkeit war sehr gering. Auf einmal habe ich begriffen, daß ich erregt war: es war ein körperliches, heftiges Gefühl. Ich schämte mich für das, was ich tat, ohne etwas Bestimmtes zu tun: mit ziemlich morbider Verwunderung betrachtete ich unzählige Stapel glänzender Pornohefte, starrte auf diese nackten Körper (die übrigens nie ganz abgebildet waren, sondern nur in einzelnen Teilen, Glieder mit anderen Gliedern verschlungen, Münder oder Brüste losgelöst von ihrem körperlichen Ganzen) und bewegte mich nicht, war benommen von einem derart vereinfachten Schauspiel ohne jedes Geheimnis. Meine Verlegenheit schien in direktem Verhältnis zu der törichten Faszination zu stehen, die diese Bilder auf mich ausübten. Erst jetzt verstehe ich, daß ich mir eine Landschaft erträumt habe, die sich von der unterscheidet, die mich gewöhnlich umgibt: Eingehüllt in die Finsternis, habe ich einen weiten Raum gesehen, eine freie offene Nacht, dicht wie die Nacht in dieser Zelle. Ich traf fremde Menschen, las verschiedene Geschichten auf jedem Gesicht und hörte Geräusche, jedes mit seinem eigenen Klang, aber wie verwischt, alle gleichzeitig. Da waren Autos, die dicht an mir vorbeisausten, und schließlich überall verstreute flimmernde Lichter. Ich spürte im ganzen Körper ein komisches Kribbeln, wie eine sichtbare Abweichung, ein Zustand zweifelhafter Erregung, als würde sich in meinem Innern die Zeit überschlagen, damit ich mich an noch mehr Orten wahrnehmen könnte. Wird das mein Gefühl sein, wenn ich hier herauskomme?

Heute morgen ist Alessandro in die Zelle gekommen. Er sagte: »Der Direktor will dich sprechen.« Sein Gesicht verzog sich, als wolle er mir andeuten, daß es sich um eine gewöhnliche Sache handle, kein Grund zur Besorgnis. Ich war gerade aufgewacht und bedeutete ihm mit einem Nicken, daß ich in einer Minute fertig sein würde. Er starrte mich an, sagte nichts, es schien aber, als wolle er mir etwas sagen. Ich dachte, daß er sich für mich freut, aus irgendeinem seltsamen Grund, den ich nicht verstand. Ich bin ihm durch den ganzen Trakt nachgegangen. Aus einer Zelle hörte ich ein im Dialekt gesungenes Lied. Ich wandte mich an Alessandro, fragte ihn: »Was sagt dieses Lied?« Ich bekam keine Antwort. Er hat den Schritt beschleunigt und ich ebenfalls. Die Stimme entfernte sich jäh. Ich wäre gerne zurückgekehrt, um sie mit einem Gesicht zu verbinden: sie hatte etwas Vertrautes, sogar Intimes. Sie klang etwas unrein, weich, ein Ton, den man nicht halten kann, weil er zu tief ist, aber nicht rauh, eher wie gefiltert. Ich überlegte, daß es ein Junge sein müßte, in der Stimme lag eine unbestimmte jugendliche Kraft. Ich sage: »Entschuldige, Alessandro, wer hat da gesungen?« »Was geht dich das an«, gab er zurück. »Nichts, vielleicht kenne ich ihn.« »Wen?« »Den Jungen, der singt.« Alessandro zögerte einen Augenblick; ich stellte mir vor, daß er die Stirn runzelt; er sagte: »Das ist ein Fixer, du kennst ihn nicht.« Vor der Tür des Direktors machte er eine Handbewegung, als wolle er sagen: »Schluß jetzt.« Ich stimmte zu: »Grüß ihn bitte von mir.« Er tat so, als würde er nicht hören.

»Guten Tag«, sagte ich beim Hereinkommen. Der Direktor bedeutete mir mit einer Geste, daß ich mich setzen solle. Er schaute mich eine Weile an, dann erhob er sich. Wenn ich mich recht erinnere, hatte er früher keinen Bart. Er wirkt jünger, gepflegt, elegant.

»Du weißt, daß du in wenigen Tagen hier rauskommst«, sagte er. Ich fühle mich ein wenig unbehaglich, fürchte einen unnützen Vortrag, paternalistische Albernheiten. Ich betrachte sein Fenster: es ist größer als meines, und zum erstenmal sehe ich das Wasser des Flusses, die Brücke darüber, eine Ampel, die nicht funktioniert und immerzu blinkt. Er fragt: »Woran denkst du?« »An einen Jungen, der in Dialekt singt; seine Stimme ist sehr zart«, antwortete ich. Der Direktor hat sich vor mir aufgebaut und sagte mir mit dem Anflug eines Lächelns: »Viel Glück jetzt.« Ich weiß nicht, worauf er anspielte, auf mich oder auf meine Neugier nach dem Jungen, der sang. Auf jeden Fall hatte er die Rede beendet, noch bevor er sie angefangen hatte. Ich war ihm dankbar, daß er mir alle Lügen über die Welt draußen erspart hatte.

Ich hätte nicht gewußt, was ich ihm entgegnen sollte. Ich hätte nichts anderes sagen können, als daß ich als erstes, wenn ich herauskomme, einen Cappuccino mit viel Milchschaum trinken werde. Mehr hätte ich nicht gesagt. Er hätte geglaubt, es mit einem Spinner zu tun zu haben, und die Unterhaltung wäre an einer quälenden Verlegenheit von beiden Seiten gescheitert.

Als ich das Büro verließ, sagte er: »Er hat eine schöne Stimme, dieser Junge.« Er schien geradezu ergriffen. Ich sagte: »Ich möchte die Erinnerung daran mitnehmen«, und schloß leise die Tür.

In drei Tagen werde ich also draußen sein. Ich überlege: ob Salvatore dasein wird, um mich zu erwarten? Seit einigen Monaten habe ich nichts mehr von ihm gehört, er hat mir nicht mehr geschrieben. Eigentlich erstaunt mich das nicht, im Gegenteil, ich habe mich immer gewundert, daß er über so viele Jahre Lust und Zeit hatte, mir Briefe zu schicken, die immer ohne Antwort blieben. Ich glaube, daß er es irgendwann satt hatte. Merkwürdig: gerade ein paar Monate vor meiner Entlassung.

Ich erinnere mich an unsere letzte Begegnung. Er war noch ganz der Schulkamerad, der alte Freundschaften nicht vergißt, auch wenn sie etwas verfänglich werden. Das muß acht oder neun Jahre zurückliegen. Wir trafen uns zum Essen, er zahlte wie jedesmal. Ein wenig verlegen erzählte er mir, daß er geheiratet hatte, weil »sie« ein Kind erwartete. Er sah mich an wie jemand, der auf eine ironische Bemerkung gefaßt ist, eine meiner Spitzen. Dabei freute ich mich für ihn, ehrlich. Es gefiel mir, ihn mir als Vater vorzustellen: im Grunde hatte er mich immer beschützt, wie ein Vater eben. »Ich habe auch kirchlich geheiratet«, bekannte er. Als würde diese Tatsache seine Lage erschweren. »Und warum war ich nicht eingeladen?« fragte ich schelmisch. Er wußte nicht, ob ich mich lustig machte oder was: »Tja, ehrlich gesagt...« unterbrach er sich. Ich schwieg, sah, wie er rot wurde. Er suchte zu sagen: »Ich wußte nicht, daß...«, hustete, lächelte. In diesem Moment hätte ich ihn gerne fotografiert, hätte ihn gern mit seinem verlegenen Lächeln festgehalten. Für den Fall, daß irgend etwas passiert, dachte ich, daß es schön wäre, dieses Gesicht eines schon erwachsenen Jungen bei mir zu haben, diesen warmen Ausdruck. Ich glaube, daß ich ihn mit der Frage überraschte: »Gibst du mir ein Foto von dir, wenn wir uns nächstes Mal sehen?«

Leider haben wir uns nach diesem Abend nicht mehr gesehen. Also stellte ich ihn mir weiter an diesem Tisch vor, wie er dasaß, wie er mich sanft von seinen ein Meter achtzig herab anschaute. Immer, wenn ich Post von ihm erhielt, las ich seine Briefe wie ein Evangelium, betrachtete seine Handschrift und suchte, ob sich zwischen den Zeilen Sorgen offenbarten, ob er Probleme hatte, die er mir lieber verschwieg. Oft hielt ich diese Blätter unter dem Kopfkissen fest umklammert: immer, wenn sie mich in ein anderes Gefängnis verlegten, waren sie in gewissem Sinn mein einziges Gepäck. Aber ich habe ihm nie geantwortet. Ich weiß nicht genau, warum. Vielleicht hatte ich ihn einfach zu gerne, um zu Papier und Stift zu greifen. So entwickelte ich mein eigenes Antwortritual. Nachdem ich jeden Brief gelesen und wiedergelesen habe, schließe ich die Augen, denke an ihn, wie er an diesem Tisch sitzt, strecke die Hand zu seinem Gesicht aus und streichle es lange. Ich hätte es gerne wirklich getan. Jetzt ist es, als hätte ich es getan. Manchmal wenigstens gelang es mir, mich selbst davon zu überzeugen.

Heute ist fast niemand im Hof. Ein komischer Gedanke, daß ich übermorgen schon auf der anderen Seite der Mauer sein werde. Allmählich wird die Vorstellung erschreckend, auf einmal betrachte ich Alessandro, wie man einen Menschen betrachtet, den man nie wiedersehen wird. Ich möchte alle seine Bewegungen in mir verankern, ich möchte mich an alles erinnern: an sein Schweigen, seine schmalen Lippen, seinen Ernst. Ich fragte ihn nicht mehr nach dem Jungen, der gesungen hat, und er schien die Geschichte vergessen zu haben.

In der Mitte des Hofes steht ein Baum. Licht fällt durch die Äste und erinnert mich an bestimmte Vormittage meiner Kindheit, wenn ich – wie immer zu spät – das Haus verließ, um in die Schule zu gehen. An der Ecke vor dem Platz wartete Salvatore. Sein Vater brachte ihn in einem gelben Fiat, dessen Nummernschild ich auswendig konnte, bis dorthin: eine Viererfolge, unterbrochen von einer Neun. Ich erinnere die Zahlen bis heute, wer weiß, warum.

Einmal, unter dem Vorwand von Schulaufgaben, habe ich bei Salvatore übernachtet. Gegen zwei Uhr gingen wir ins Bett. Wir schliefen nebeneinander; ich lehnte leicht an seinem rechten Arm. Es war nicht ganz dunkel: Durch die Fensterläden leuchtete das Licht einiger Straßenlampen, und im Schrankspiegel dehnten sich diese Lichtkeile, vervielfachten sich. Ein paar Minuten lang betrachtete ich den schlafenden Salvatore. Mit geschlossenen Lidern sagte er: »Mach dir keine Sorgen.« Was mich an diesem Abend bekümmerte, weiß ich nicht mehr, aber ich weiß genau, daß es ein heftiges Gefühl war, das mich in diesem Moment beherrschte. Ich glaube, daß ich nie mehr so stark empfunden habe. Ihm habe ich nie etwas davon erzählt.

Jahre später wurde ich in einer linksradikalen Gruppe aktiv. Am bewaffneten Kampf lag weder mir noch meinen Genossen irgend etwas. Das Problem lag in mir: Ich hätte mit dem Fixen anfangen oder in den Orient reisen können. Ich nahm den Weg, der mich weniger reizte. Später fiel es mir schwer, den Richtern meine nicht vorhandenen politischen Beweggründe zu erklären. Während der Vernehmungen war ich immer wieder kurz davor zu sagen: »Ich möchte für das, was ich getan habe, verurteilt werden. Aber ich bitte Sie, mir keine Erklärungen abzuverlangen. Ich weiß weniger als Sie.«

Am ersten Tag, an dem sie mich eingeschlossen haben, war ich mit einem neunzehnjährigen Jungen in einer Zelle, einem kleinen Dealer, der unter Entzugserscheinungen litt. Er bat mich, ihm zu helfen, irgendetwas zu unternehmen. Auf der Krankenstation schickten sie ihn wieder weg: ihrer Ansicht nach fehlte ihm nichts. Um zu verhindern, daß er sich den Schädel aufhaut, habe ich ihm mit meiner Hose das Kissen um den Kopf gebunden. Nachts rückte er an mich heran und bat mich, ihm etwas zu erzählen, das ihn ablenkt: er ist der einzige, der meine erste Erzählung gelesen hat. Er fragte mich: »Warum schreibst du diese Geschichten?« Ich antwortete ihm: »Vielleicht für dich, damit du dich ablenkst.« Er lächelte und summte irgendetwas vor sich hin. Seine Stimme unterschied sich nicht sehr von der des Jungen neulich. Seither denke ich beim Schreiben an ihn, an seine Rükkenschmerzen, an sein vom Heroinmangel verzerrtes Gesicht. Für ihn habe ich Geschichten vom Leiden erfunden, die seine eigene Qual aufheben und lindern sollten wie ein starkes Schmerzmittel.

Jetzt lese ich diese Seiten wieder mit einem unbestimmten Gefühl von Fremdheit, als hätte ein anderes Ich sie ohne mein Zutun erfunden, um nur Unwesentliches, nur den brüchigen äußeren Rand meiner Existenz zu erzählen. Wenn ich draußen bin, würde ich gerne diese Blätter nehmen und sie dem Jungen schicken, mit einer kurzen Widmung; ungefähr so: »Ich vergaß.«

Man hat mir gesagt: »Um 18 Uhr.« Ich blieb gleichgültig, wie jemand, den eine bekannte Nachricht erreicht. Ich habe eine Tasche mit Pullovern und Hemden vollgepackt. Zu Alessandro sagte ich: »Die Bücher und die restlichen Sachen möchte ich dalassen.« Er machte eine Andeutung, schien enttäuscht, so daß ich hinzufügte:

»Sie können sie haben, wenn Sie mögen.« Er sagte einfach: »Ich kann nicht.«

Ich machte die Tasche zu und ging zum Fenster. Der Himmel ist noch hell, er hat rote Schlieren, wie künstlich. Ich stelle mir vor, daß ich in ein paar Stunden auf der Allee gehen kann, wo sich für mich alles entschieden hat. Ich werde in der bewußten Bar sitzen und die Passanten beobachten: wer weiß, ob sie noch dort ist, ob dort noch dieselben Menschen sind, ob jemand mich erkennen wird, obwohl ich mir einen Bart habe wachsen lassen. Ich werde heute abend nicht nach Hause gehen: ich werde ein Zimmer in dem heruntergekommenen Hotel nahe der Straßenbahnschienen nehmen (ich habe es noch nie betreten, aber es hat mich immer angezogen). Morgen werde ich mich nach dem Preis für ein Flugticket in den Süden erkundigen, ans Meer, an einen stillen Flecken abseits irgendwelcher Reiserouten. Ich werde dorthin reisen, ohne irgend jemand etwas zu sagen, für ein oder zwei Wochen in die Wärme, um alle Dinge in Ruhe zu betrachten, um in die Luft zu starren, in die Leere. Anschließend werde ich in die Stadt zurückkehren und umziehen; ich werde mich von all den Dingen befreien, die ich in vielen Jahren angesammelt habe: von der Vergangenheit will ich nichts bewahren. Auch nicht das Foto meiner Mutter. Nicht einmal die Erinnerung an mich.

Ich zog den schwarzen Rollkragenpullover über, eine Art Trophäe, die ich immer bei mir hatte. Morgen werde ich ihn in dem Hotel zurücklassen. Ich höre, wie ich gerufen werde, spüre ein leichtes Zittern in den Beinen.

Als ich aus der Zelle trete, sage ich zu mir selbst: »Gut, dann danke für alles.«

Man hat mir die Papiere zurückgegeben, den Gürtel und zwei Krawatten. Ich weiß nicht, wohin damit, also behalte ich sie in der Hand. Mit mir werden noch fünf oder sechs weitere Personen entlassen: sie sind nicht besonders glücklich. Alles geht schweigend und schnell vonstatten. Ich sehe mich eine Hand schütteln (aber wessen?), grüßen, ins Freie treten. Eine kleine Gruppe erwartet uns. Ich biege sofort nach rechts ab; zum Glück kam niemand, um mich abzuholen (ich hatte Angst, Salvatore vor dem Gefängnis zu treffen, aber er hat mir die Peinlichkeit erspart).

Nach wenigen Schritten spüre ich, wie ich langsamer werde. Ich gehe auf die Mauer eines Hauses zu, lehne mich dagegen. Es ist, als verwirre mich dieser ganze Raum. Diese Überdosis Sauerstoff und Bewegung. Beinahe hätte ich mich nach meiner Zelle zurückgesehnt, nach dieser auch geistigen Begrenzung, die, wie ich jetzt befürchte, mir alle Dinge erklärte, alles plausibel erscheinen ließ.

Im Bus quetschen sich die Leute, bedrängen mich. Einen Augenblick lang habe ich Angst, zermalmt zu werden oder aus dem fahrenden Bus gestoßen, aus einem Fenster geschleudert zu werden wie unnötiger Ballast, ein unnützes Ding.

Ich bin vorher ausgestiegen. Ich möchte ein paar Schritte gehen, um zur Allee zu gelangen, mich bewegen wie irgendein Mensch, wie jemand, der heimkehrt. Diese Orte wiederzusehen, diese Allee, die Bäume ringsherum, die Straßenbahn, die lärmend vorbeifährt, am Ende die Bar (die grüne, vertikale Leuchtschrift am Haus ist immer noch dieselbe), auf den Asphalt zu treten, die Straße wirklich zu überqueren – all das erzeugt in mir ein untergründiges Gefühl der Entfremdung. Ich habe Angst, daß nicht ich es bin, ich als Person, die sich hier befindet. Vielmehr nehme ich mich wie eine zweite Person wahr, eine andere, parallele Identität, die sich um dieses innere Gerüst aus Knochen aufbaut, das mehr mit meinen äußeren Daten übereinstimmt als mit mir. Nach und nach fühle ich mich von dem Bild, das ich in diesem Augenblick von mir habe, aufgesogen: wie ich die Bar betrete, in der ich geträumt habe, daß etwas passiert. Etwas, das jedoch nie passiert ist.

In der Bar ist niemand. Der Kellner kommt auf ihn zu, sagt: »Sie wünschen?« Der Mann hat sich gegen die Theke gelehnt, als hätte er eine sehr wichtige Entscheidung zu treffen, bevor er den Mund aufmacht. Dann sagte er mit großem Ernst: »Ich möchte einen Cappuccino mit viel Milchschaum«, und lächelte.

Plötzlich sah er sich im Spiegel hinter der Theke. Die Gesichtszüge schienen ausgebreitet auf dieser Oberfläche, erkennbar, vertraut, vielleicht seine eigenen. Er sah zur anderen Seite, nach draußen, und sein Blick fiel auf ein Werbeschild mit der Aufschrift »Neue Gefühle« neben der Firmenmarke eines Autos. Das kam ihm wie ein überflüssiger Ratschlag vor, aber irgendwie auch wahr. Der Kellner schob ihm die Tasse hin, sagte:

»Bitte.« Als er trank, fühlte er sich wirklich glücklich, endlich hier. Die Milch lief warm die Speiseröhre hinunter, klebte die Bilder eines ans andere, die er jetzt von sich und seiner eigenen Identität hatte, schuf im Leibesinneren eine Verbindung zwischen den beiden Polen. Er imaginierte einen neuen Schwerpunkt, eine neue Achse, die sich in seinem Inneren abzeichnete. Und dabei sehnte er sich einen Augenblick lang nach einem anderen, nach einem Körper, der nicht der seine war. Jetzt sagte jemand in seinem Rücken: »Ciao.«

WIEDERKEHR

Frühmorgens, vor einigen Jahren. Das Gedächtnis hat inzwischen die Erinnerungen leicht korrigiert. Es hat sie gewissermaßen vereinfacht.

Das Haus war lau erwärmt von einer schwachen Sonne. So kam es ihm vor, als er aufwachte. Der Schlaf hinterließ keine Spuren auf seinem Körper. Es herrschte große Unordnung. Vielleicht jene Unordnung, die eine schale Nacht zurückläßt.

Sein Tag würde sich zwischen den Wänden des Hauses abspielen, das ahnte er mit einer gewissen Bestimmtheit. Er würde nicht weggehen, niemand anrufen. Diese Vorstellung beruhigte ihn. Und es war nicht Verzweiflung, war sicher nicht Angst, die ihn hielt. Er würde Kaffee trinken. Das ja, das sagte ihm wirklich zu. In seiner Art, ihn zu trinken, lag sogar etwas Kindliches und zugleich Gequältes. Jetzt gewann das Zimmer zunehmend an Schärfe, schien sich für einen ganzen Tag auf diese einfache Handlung eingerichtet zu haben.

Langsam stand er auf, ohne ein Geräusch zu machen. Wenige wichtige, genau bemessene Gesten. Er zog nicht die Rolläden hoch, dachte wahrscheinlich nicht einmal daran, es zu tun. Er wartete, daß die dunkle Flüssigkeit aus der Maschine rann, trank ohne Besinnung und war kurz davor – ich könnte es beschwören –, das Telefon zu beobachten. Es war ein Augenblick, ein Innehalten in seinem stillen Selbstverhör. Doch er näherte sich nicht einmal dem Apparat. Er sah ihn an wie jemanden, den man wiederzuerkennen glaubt, um dann mit einem Anflug von Schmerz festzustellen, daß man sich getäuscht, daß man nicht richtig hingesehen hat. Er dachte, daß er kurzsichtig werden könne. Es hätte ihm gut gefallen, sich hinter einer dicken Brille zu verstekken, hinter Gläsern, die seine Physiognomie verändern würden.

Er stellte den Fernseher an, ein unverläßliches Meßgerät des eigenen Sehvermögens. Die Farben entstanden auf dem Bildschirm, ohne etwas zu bedeuten. Sie vervielfachten sich sinnlos. Wahrscheinlich war es bedrückend zu entdecken, daß auch dieser Apparat nicht in der Lage war, das eigene Dasein in der Welt zu ergründen. Auch aus diesem Grund entschloß er sich, den Bildschirm in seiner stummen Einsamkeit ohne Inhalt dahinvegetieren zu lassen. Er schloß sich einfach im Bad ein.

Ich weiß weder genau, wie lange das Telefon klingelte, noch warum er so lange zögerte, bevor er reagierte. Als er aus dem Bad kam, schien er besorgt, wie benommen von dem anhaltenden Klingeln. Er nahm nicht gleich den Hörer ab, starrte den Apparat (ein sonderbarer Apparat, einer von denen, die an der Wand befestigt sind) ein paar Sekunden an. Ziemlich sicher muß er geglaubt haben, daß er nicht antworten, daß er vielmehr so tun würde, als wäre nichts. Er nahm ab: »Hallo«, dann fügte er wenige, abgehackte Sätze hinzu: »Du hier? Seit wann? Nein, warte.« Nichts Genaues also, und er legte wieder auf. Dieses merkwürdige Telefonat erschien ihm wie ein Zeichen für etwas anderes. Mehr oder minder eine Warnung.

Er wollte zu Hause bleiben, sein Lager zwischen Kühlschrank, Bett und Fernseher aufschlagen. Er hatte einen idealen Tag entworfen, ohne jede Beschäftigung, einen leeren Raum, eine Klammer zwischen sich und der Welt, bevor er in die Klinik ging: er glaubte, daß er sich den Luxus völliger Trägheit zugestehen könne, um sein Dasein als zukünftiger Kranker zu bestätigen. Aber nein. Ein unmerkliches Zeichen, der Anruf von jemand, von dem er über Jahre nichts gehört hat, diese Botschaft aus verzerrten, elementaren Worten, dieses jähe Knacken am anderen Ende der Leitung, bevor er es selbst realisiert hat, dazu seine Unsicherheit, ob er antworten solle – all das zusammen ließ ihn die Möglichkeit erwägen, die Wohnung zu verlassen.

Die Entscheidung fiel vor dem Spiegel im Schlafzimmer. Wie immer, wenn er einen Entschluß fassen mußte, folgte er einem genauen Ritual: er ging auf den Spiegel zu, immer näher, küßte sich leicht, so daß sein Bild hinter dem Schleier seines Hauchs verschwand, sagte: »Oh.« Dann überprüfte er den Zettel nach Tag und Stunde des Termins bei dem Arzt, der die Untersuchungen in die Wege geleitet hatte. Es war der folgende Tag.

Er wollte sofort hingehen, denn man kann ja nie wissen, der Bescheid konnte schon vorliegen.

Die Klinik war nicht weit von seiner Wohnung entfernt. Er nahm nicht den Wagen, sondern machte sich auf den Weg zur Bushaltestelle. Obwohl, wenn es etwas gab, das er ehrlich verabscheute, dann waren es öffentliche Verkehrsmittel. Wenn es nicht anders ging, nahm er ein Taxi (es gab einen Stand ganz in der Nähe seiner Wohnung). Im Bus bemerkte er, daß er keine Fahrkarte besaß und daß er keine kaufen konnte. Er überlegte, an der ersten Haltestelle auszusteigen: im Grunde nichts als eine Möglichkeit, etwas Zeit zu verlieren, um außerhalb der Sprechzeiten einzutreffen, um morgen wiederzukommen und den Termin einhalten zu müssen. Er einigte sich schließlich auf einen eigentümlichen Kompromiß mit seinen Überlegungen: er stieg zwei Haltestellen früher aus und legte den letzten Teil des Wegs zu Fuß zurück.

Beim Gehen wurde ihm bewußt, daß er es eilig hatte, daß er das Tempo der eigenen Schritte immer mehr steigerte, bis er fast rannte. Ein wenig schämte er sich dafür. Er versuchte sogar, eine enorme Verspätung zu inszenieren, wie einer, der überstürzt auf etwas sehr Wichtiges zugeht. Er blieb einige Male stehen, tat so, als wäre er nicht sicher, ob er die richtige Richtung eingeschlagen habe: aus irgendeinem Grund war er überzeugt, daß die Passanten ihn mit einer gewissen Strenge beobachteten und seine künstliche Zurschaustellung der Hast übertrieben fanden.

Entsetzlich verschwitzt kam er vor der Klinik an. Er fühlte die Röte im Gesicht, fühlte sich lächerlich. Bevor er in die Eingangshalle trat, hielt er ein paar Minuten inne und versuchte die Angst, die ihm im Nacken saß, abzuschütteln. Er trat behutsam ein. Wohl oder übel mußte er einen plausiblen Grund erfinden, wieso er vierundzwanzig Stunden zu früh war. Während er zur Anmeldung ging, fiel ihm aber keine Ausrede ein. Schließlich entschied er sich dafür, denjenigen zu spielen, der die Warterei nicht mehr aushält, der sofort wissen muß, was mit seinem Blut nicht stimmt. Und das Schauspiel geriet ihm überzeugend, natürlich, vielleicht, weil es ehrlich war. Nach kaum zwanzig Minuten empfing ihn der Arzt. Das Zimmer war völlig weiß, mit wenigen Gegenständen. Wie die anderen Male, als er hier gewesen war, dachte er, daß es ihm wie ein Badezimmer vorkam.

Das Wasser ist eisig. Es scheint den ganzen Körper zu umfließen, als suche es eine Öffnung, eine Möglichkeit des Einsickerns. Vorne ist der Strand blendend weiß, sauber, er scheint vor kurzem gereinigt worden zu sein. Am Rand, zur Straße hin, die an ihm entlangführt, verläuft eine undeutliche Kurve, läßt die Häuser leicht schief erscheinen, gibt ihnen eine Neigung, die von einem Erdbeben oder ähnlichem verursacht sein könnte. Aber es ist eine optische Täuschung: Vom Meer aus scheint sich die Küste an einem bestimmten Punkt in sich selbst zu krümmen, doch kaum merklich, nur einige Grad. Also sehen die wenigen Autos, die über die Straße fahren (es ist eine Umgehungsstraße), wie Spielzeugeisenbahnen aus, die eine Biegung der Erde beschreiben, einen Bogen, auf dessen Spitze man ein unleserliches Schild erkennen kann.

Immer tiefer tauchte er ins Wasser ein und machte einige gezielte Schwimmzüge zum Strand, wollte dem eigenen Atem einen Rhythmus geben, der mit den Bewegungen des Körpers zusammenstimmte. Draußen im Meer war die Szenerie eindeutiger. Er hatte sogar den Eindruck, daß, je weiter er sich von der Strandlinie entfernte, die Küste sich in allen Einzelheiten abzeichnete. Als Fixpunkt wählte er das Schild jenseits der Straße. Auf seinem gelben Grund, von dem die schwarzen Buchstaben sich wie Risse lösten, las er das Wort »Sonne«. Er versuchte herauszufinden, ob es sich um ein Restaurant, einen Campingplatz oder um eine Bar handelte. Er strengte sich noch einmal an: Vor »Sonne« standen viele Buchstaben. Er entfernte sich ein wenig. Las etwas wie »Der Schnitt der Sonne«. Er war nicht ganz sicher, denn es gab keinen Steilfelsen, die Küste war flach, ein wenig gebogen, aber über Kilometer hinweg flach. Es sei denn, man sah die vier Häuser dort hinten als Relief. Er nahm Kurs zum Ufer, von einer sonderbaren Unruhe gepackt, hatte Angst, daß er sich vielleicht zu weit hinausgewagt hatte, daß er es nicht mehr schaffte. Erschöpft, mehr aus Angst als aus Müdigkeit, kam er an. Irgendwie fühlte er sich einem jämmerlichen Ertrinken entronnen (auf den letzten Metern, die ihn vom Strand trennten, sah er die Überschriften der Lokalpresse vor sich: »Neunundzwanzigjähriger Tourist wenige Meter vor der Küste ertrunken. Bisher nicht identifiziert.«)

Am Ufer fand er seine Kleider, mit Handtuch und allem, etwa zehn Meter von der Stelle entfernt, wo er aus dem Wasser gekommen war. Ohne es zu bemerken, hatte er im Meer eine Kurve gezogen, ähnlich der, die die Küstenlinie beschreibt: es hätte ihm gefallen, diese verborgene Gleichung genau zu berechnen. Er überprüfte, ob sich in der Tasche neben anderen Dingen auch seine Papiere befanden: andererseits war niemand zu sehen. Er legte sich in die Sonne und wollte der Hitze widerstehen.

»Wie alt?« Er hörte die Frage aus einer gewissen Entfernung, nicht sicher, ob sie an ihn oder an jemand anderen gerichtet war. Er öffnete langsam die Augen, versuchte das Bild, so gut es ihm gelang, scharf zu stellen. Wenige Schritte entfernt stand ein Junge, ein Farbiger oder zumindest so dunkel, daß er einer zu sein schien, überhäuft mit Tüchern und Kettchen, im Gesicht den Ausdruck vorsichtiger Überraschung, als würde dieser Strand normalerweise nur von Leuten eines bestimmten Alters besucht. Er starrte ihn einige Augenblicke an, während jener die Frage wiederholte: »Wie alt?«

»Neunundzwanzig. Warum?« Der andere sagte nichts, tat so, als hätte er die Antwort nicht verstanden oder zumindest nicht ganz. Er insistierte: »Warum!?« Der Junge entledigte sich der Sachen, die er offensichtlich verkaufte; er stapelte alles sorgfältig übereinander, dann setzte er sich vorsichtig in seine Nähe: »Ich vierundzwanzig.« Er sagte sein Alter, als erkläre dies die Frage, die er vorher gestellt hatte. So, als ob die Tatsache, neunundzwanzig und vierundzwanzig Jahre alt zu sein, sie aus irgendeinem Grund in einer morbiden Komplizenschaft verbände, die keine anderen Fragen oder Antworten erforderte oder dazu zwang, dem Faden der Höflichkeiten zwischen zwei Unbekannten zu folgen. Er beschloß, es kurz zu machen, erklärte töricht: »Ich kaufe nichts. Ich habe kein Geld.« Der Junge sah weg, wirkte wie jemand, der auf solch blödes Geschwätz gefaßt war. Und der dennoch bereit war, es zu verzeihen. Sie schwiegen, waren beide verlegen. Irgendwann wurde die Hitze unerträglich; er stand auf und bekräftigte durch eine Handbewegung seinen Entschluß zu gehen.

»Wie heißt du?« Der Junge sprach die Worte mühsam, aber korrekt, nur ein wenig anklagend, aus. Während er die Hosen überstreifte, sagte er: »Warum?« »Ich Magjed.« Er glaubte, wenn er noch einmal »warum« fragte, würde der andere ihm seine vollständigen Personalien angeben, erklären, worin seine Arbeit bestünde und wieviel er durchschnittlich im Jahr verdiente, seit wann er in dieser Gegend war und warum er hierher kam und schließlich mit intimen und gewiß peinlichen Details enden. Er vermied deshalb weitere Fragen, wollte in aller Ruhe gehen, weiteres Geschwätz vermeiden. Mit schnellen Schritten entfernte er sich und höre in seinem Rücken: »He, du bist blond, morgen komme ich wieder.« Keine Ahnung, warum er die Tatsache, blond zu sein, mit dem Versprechen, auch morgen wiederzukommen, zusammenbrachte. Dieser Junge, dachte er, der kaum die Sprache beherrschte, verknüpfte Beschreibungen und Betrachtungen, Antworten und Fragen, als wiederhole er immer dasselbe Wort, wie einen einzigen Satz ohne Betonung. Im Hotel – er war gerade aus der Dusche gekommen – rief man ihn ans Telefon. Dabei hatte er niemand gesagt, wohin er gehen würde. In der Eile, nach dem Gespräch mit dem Arzt wegzukommen, hatte er nicht einmal verlauten lassen, daß er aufbrechen würde. Er nahm die Treppe im Laufschritt hinunter bis ins Parterre. Am Telefon war niemand. Es war schon aufgelegt. »Entschuldigung, war es eine Frauenstimme?« Das Mädchen am Empfang hatte keine Ahnung, war ganz und gar in die Lektüre ihres Groschenromans vertieft: »Wie?« »War das eben eine Frau am Telefon?« »Nein, nein.«

Die Unterredung mit Doktor Reggiani verlief zu Beginn ruhig und auch ein wenig unkonzentriert. Der Arzt hatte ihm eine Reihe von Blättern unter die Nase gehalten mit Skizzen, Auslassungszeichen, einigen Kürzeln, die irgendwelchen Bezeichnungen entsprachen und ihm dennoch unverständlich blieben. Zwischen diesen Daten, die der Arzt ihm zu veranschaulichen suchte, hatte er sich wiederholt verloren wie vor einer Geheimsprache oder einem rätselhaften Anagramm, in dem seine Zukunft, seine Gesten, die Möglichkeit, Sätze auszusprechen wie: »Wenn ich einmal alt bin«, oder: »In einem Jahr« usw. sich versteckten. Er hatte Reggiani angesehen wie einen Schamanen von unberechenbarer Macht, der aufgrund einer lückenhaften Lektüre dieser Blätter über sein Schicksal entscheiden, Glück oder Unglück voraussagen konnte. Eingefaßt zwischen einer Null und einem Komma, schien er die eigene Existenz vor sich zu sehen, übersetzt in ein anderes Alphabet und doch gegenwärtig, sichtbar auf dem Weiß des Papiers. Verworren, konfus, aber erkennbar. Er nahm kaum zur Kenntnis, daß der Arzt den positiven Befund des Tests angesprochen hatte, sondern schob diesen Teil des Gesprächs als unsinnig und leicht provozierend weg.

Er hörte sich nur sagen: »Was soll ich tun?« Sein rechtes Augenlid zitterte, und absurderweise war er für einen Augenblick froh, daß er die Sonnenbrille aufhatte. Der Arzt antwortete nicht sofort. Er nannte Spezialinstitute in Paris und sagte, daß das letzte Wort noch nicht gesprochen sei. Er drückte es genauso aus, sogar: »Das letzte Wort ist noch nicht gesprochen.« Er fragte sich, was seine letzten Worte sein würden, an welchem Tag und zu welcher Stunde er sie ausgesprochen haben würde. Er fragte sich, ob es denkwürdige Worte gewesen sein würden oder irgendein Blödsinn, Beliebigkeiten. Er überlegte sogar, daß möglicherweise niemand sie festgehalten hätte, sich an sie erinnern würde. Aus diesen Gedanken auftauchend, sagte er: »Ich weiß nicht. Ich will es mir überlegen.« Doktor Reggiani nahm die Haltung eines Verkäufers an, dem es nicht ganz geglückt ist, den Kunden zu überzeugen. Er riet: »Lassen Sie in ein paar Tagen von sich hören. In der Zwischenzeit werde ich mich bemühen, mit den französischen Kollegen in Kontakt zu treten.« Er fügte hinzu, daß er mehrere Fälle von Infektionskrankheiten in eben jener Pariser Klinik kenne und daß er dort einige gute Freunde hätte. Am Ende sagte er: »Bleiben Sie ruhig. Und in der Zwischenzeit nehmen Sie etwas gegen Ihr Fieber.« Er gab ihm

Tabletten. Er grüßte freundlich und trat hinaus, fest entschlossen, abzureisen. Augenblicklich.

Der Ort ist ziemlich groß, die Häuser stehen weit auseinander. Er erstreckt sich mehr ins Hinterland als an der Küste entlang, streift die Ausläufer der Hügel, die ihn in der Ferne umstehen. Die Sonne geht genau auf dieser Seite unter. Es ist ein wichtiger Augenblick, um einige Dinge zu verstehen: Das horizontal einfallende Licht radiert die Umrisse der Häuser aus, anstatt sie hervorzuheben, und das freie Land läßt ahnen, daß der Ort sich hauptsächlich von der Landwirtschaft erhält. Felder, die mit Sorgfalt bestellt sind, werden sichtbar und auch Bewässerungsanlagen, Traktoren, Maschinen verschiedenster Art. Von dem winzigen Balkon im vierten Stock (er wollte dieses Zimmer nur wegen des Balkons, der eine beinahe quadratische Form hat) hat er also das Bild einer friedlichen, unvermutet südländischen Geschäftigkeit, mit sehr warmen und beruhigenden Grün- und Gelbtönen. Das Meer kann er dagegen nicht sehen. Ungefähr hat er verstanden, daß es sich auf der gegenüberliegenden Seite des Ortes befindet. Er ist sich jedoch nicht ganz sicher, ehrlich gesagt. Auch sein Zimmer kommt ihm so vor, als ob eine gewisse Kreisförmigkeit, hier vielleicht gewundener, weniger schematisierbar, das innere Feld charakterisiere. Und daß er sich, wo auch immer, jederzeit in der Mitte befindet, eingeschlossen in der Kreislinie.

Wieder riefen sie ihn ans Telefon. Ruhig ging er diesmal hinunter, glaubte, daß niemand am anderen Ende der Leitung auf ihn wartete. Das Telefon blieb tatsächlich stumm. Diesmal schaute ihn das Mädchen fragend an. Er wollte wissen: »Hat man Ihnen nichts ausgerichtet?«

»Doch: man hat nach Ihnen verlangt.«

»Fragen Sie das nächste Mal bitte, wer dran ist.«

Sein Tonfall schien das Mädchen zu kränken. Es sagte nichts. Er beschloß, hinauszugehen.

Zum Strand hin duckten sich die Häuser, beugten sich vor dem offenen Meer. Ein sonderbarer Effekt ließ das Wasser die gesamte Landschaft beherrschen. Die ganze Erde war im Begriff, hineinzurutschen, unterzutauchen. Er machte an einer Bar auf dem Platz halt (der geschäftigen Feierlichkeit nach mußte es der Hauptplatz des Ortes sein). Er fühlte sich beobachtet, von den wenigen Anwesenden eingeschätzt. Irgendwie vermutete er, daß er einer der ersten Touristen in dieser Saison war; und gleichsam aus Rücksicht auf ein Ritual, das er nicht kannte, aber spürte, blieb er regungslos sitzen, stellte sich den Blicken der anderen. Er trank einen Kaffee, diesmal ohne jeden Genuß. Er registrierte, daß er eine schamlose, blinde, morbide Neugier auf sich zog. In einer Mischung aus Erstaunen und Angst kehrte er ins Hotel zurück. War es möglich, die Krankheit an seinem Gesicht abzulesen? Einen Augenblick lang zog er die Möglichkeit in Betracht, am nächsten Tag abzureisen.

Magjed war nicht da, zum Glück. Er hatte sogar schon daran gedacht, den Strand zu wechseln, sich jenseits des Punktes, der den Ort in zwei Hälften teilt, umzusehen, aber dann hatte ihn die Vorstellung, die Ortsmitte zu durchqueren, vor der Bar an der Piazza vorbeizugehen, abgeschreckt. In der Ferne hörte er einen Mann in Begleitung dreier Frauen deutsch sprechen. Der Klang der Worte kam leicht gedämpft herüber, wohllautend, jeden Sinns enthoben. Es war sonderbar, überlegte er, daß es ihn wunderte, jemand in einer anderen Sprache zuzuhören. Im Grunde war das eine Erfahrung, die ihm in der Stadt ständig widerfuhr, und obendrein in einer chaotischen Vermengung der verschiedensten Sprachen. Hier jedoch konkretisierten sich Worte und Laute, warfen selbst aus der Distanz einen Schatten. Es gelang ihm, sich für die lockere Unterhaltung zu interessieren, sie nach seinem Gefallen auf Gleisen der Vorsicht und der Höflichkeit entlangzuführen, dabei jede Modulation und jede Nuance erfassend. Wer weiß, warum, jedenfalls stellte er sich vor, daß dieses Geplauder untergründig an ihn gerichtet sei, oder besser noch: für ihn inszeniert, und daß sich ihm gegenüber eine demütige Zuneigung entwickelte. Er blickte die kleine Gruppe dankbar an.

Im Meer, weit draußen, hielt er plötzlich inne. Er suchte, sondierte die Luft, um das Schild ausfindig zu machen, das er am Tag zuvor gesehen hatte. Schließlich ortete er es zu seiner Rechten (sonderbar, aber heute schien es wie zur Ortschaft hin verschoben, leicht schräg zur Straße). Er las: »Die Rache der Sonne«.

Zu Hause, auf dem noch heißen Balkon, schrieb er an Myriam.

Ich frage mich, warum Du mich neulich angerufen hast, nach so langer Zeit. Ich jedenfalls hätte Dich gerne getroffen, ein Schwätzchen mit Dir gehalten, wie früher... Ich schreibe Dir nicht von zu Hause: ich bin in einem kleinen Ort am Meer, im Süden. In Kur, sagen wir mal so. Ich verbringe die Tage allein: Vormittags schwimme und vergnüge ich mich im Meer, nachmittags versuche ich zu lesen und nachzudenken (ich weiß nicht, worüber, aber ich habe einen sehr inspirierenden Balkon, wie man so sagt). Hier sind kaum Touristen, und vielleicht fühle ich mich deshalb von den Leuten hier schräg angesehen, mit dem üblichen Verfolgungswahn, den Du kennst. Der einzige Mensch, den ich kennengelernt habe (in dem Sinne, daß es die einzige Person ist, mit der ich mehr als zwei Worte gewechselt habe), ist ein Junge, ein fliegender Händler: ein Araber, glaube ich, weil er Magjed heißt. Ich weiß nicht, wie lange ich hierbleiben werde. Vorläufig denke ich nicht darüber nach. Aber es gibt etwas Sonderbares: Ich bekomme so gut wie jeden Tag einen stummen Telefonanruf. Jedesmal, wenn ich abnehme, spricht niemand am anderen Ende. Zuerst habe ich gedacht, daß Du es seist. Dann hat man mir gesagt, daß es eine Männerstimme war. Aber Tatsache ist, daß ich niemand gesagt habe, daß ich abgereist bin, und daß ich ganz zufällig beschlossen habe, hier abzusteigen. Merkwürdig, nicht wahr? Aber Du, wo wirst Du jetzt sein? Bist Du schon zurück, oder bist Du noch in Italien? Ich werde diesen Brief an Deine übliche Adresse schicken. Dein Dich Liebender.

In der Nacht war das Fieber offenbar gestiegen. Er hatte schlecht geschlafen, war immer wieder aufgestanden, war auf die Terrasse getreten, hatte zu lesen versucht. Wie immer hatte er eine Tablette genommen, bevor er sich hinlegte, aber die Wirkung begann nachzulassen. Er hatte so sehr geschwitzt, daß er die Laken abstreifen mußte und sich nackt auf die Matratze legte. Er wartete mit einem Gefühl von maßvoller Resignation, daß es Tag wurde, und versuchte, die vernichtende Wirkung des Fiebers mit einigen Phantasien über Magjed zu besänftigen.

Als er hinausging, war es noch sehr früh. Der Strand lag ruhig und verlassen da. Hier und dort ein paar Plastiktüten, die Zeichen eines Feuers vom Vorabend, ein paar Kippen, feucht vom Salz. Er legte sich an seine Lieblingsstelle, in eine flache Mulde im Sand, die es ihm erlaubte, um sich herum eine Dünenwüste und eine unermeßliche geometrische Einsamkeit zu phantasieren. So merkte er gar nicht, daß er bereits schlief.

Magjed war wenige Meter von ihm entfernt. Diesmal trug er eine Badehose, um den Hals ein weißes Kettchen und machte einen zufriedenen Eindruck. »Ciao«, sagte er.

Er war verwirrt. Benommen von der Hitze und vom Schlaf, reagierte er kaum. Der Junge freute sich, ihn zu sehen. Er betrachtete ihn aufmerksam, ein wenig furchtsam. Dann warf er sich ins Wasser. Ganz schnell, mit wenigen Schwimmstößen, war er weit draußen. Er bemerkte, daß Magjed im Wasser erstaunlicherweise eine vollkommen senkrechte Bahn zum Ufer hielt. Die

Spur, die er zog, schien wie mit einem Lineal geschnitten, so gerade war sie. Er beobachtete, wie seine Bewegungen in der Ferne heftiger wurden: er schien nach Hilfe zu suchen. Sein Kopf verschwand hin und wieder im Tal einer Welle, verirrte sich, löste sich, um an einem bestimmten Punkt, dunkel am Horizont, wieder aufzuragen. Er war beunruhigt. Mühevoll und langsam holte er Magjed draußen ein, fast sicher, daß dieser am Ertrinken war. Der Junge lebte wieder auf, lächelte ihn an: er spielte nur den toten Mann, hatte sich langgestreckt, um Kraft zu schöpfen, bevor er zurückschwamm. Er war völlig ermattet, leer; er sagte: »Ich hatte Angst, daß du es nicht mehr schaffst.« – Der andere hörte nicht, kam näher, griff seine Hand und tat, als streichle er sie. Er berührte sein nasses Haar und sagte bestimmt: »Los, auf den Rücken... ich schleppe dich.«

Magjed schwamm mit tierischer Kraft. Das Wasser schien vor ihm aufzureißen, aber ohne ihn zu verschlukken, im Gegenteil, nach oben drängend. Auf dem Sand streckten sie sich nebeneinander aus. Bevor er ging, küßte Magjed seine geschlossenen Lider: »Du bist schön«, sagte er. Er kehrte ins Hotel zurück, zitterte wie ein Blatt im Wind. Jetzt wollte er nur duschen. Vorübergehend stellte er sich eine Zukunft aus Wasser und Talkumpuder vor, ein geordnetes, tosendes Universum, in dem sein Körper sich schließlich in einer statischen, gezügelten Erosion der Materie langsam auflöste.

Er hatte Magjed gefragt, was er auf dem gelben Schild läse, das man in der Ferne sah. Der Junge hatte zum Spaß die Augen etwas zusammengekniffen, als gelänge es ihm nicht. Dann sagte er: »Nichts. Nichts steht dort geschrieben.« Er wußte nicht, ob er scherzte.

Den folgenden Morgen verbrachte er schlafend. Er war wenig zur Ruhe gekommen. Gegen zwei Uhr nachts kam wieder der übliche rätselhafte Anruf. Inzwischen achtete er kaum noch darauf, beunruhigte sich nicht. Einige Male hatte er sogar den Hotelier zu sagen gebeten, daß er nicht da, daß er ausgegangen sei. In dieser Nacht hatte er an Magjed gedacht: er wußte nichts von dem Jungen, nur daß er begann, sich in ihn zu verlieben. Oder besser noch, er fing an, ihn als seine letzte, äußerste Verbindung zur Außenwelt zu betrachten. Die letzte Münze in seinem, in jedem Fall, armseligen Tauschgeschäft mit dem übrigen Erdball. Er war eingeschlafen, folgte einer unzusammenhängenden Reihung von Gedanken, die ihn alle zu Magjed führten, zu seinem Körper. Er träumte ohne Ende, ein sehr dickes Buch zu lesen, das auf der letzten Seite einen Schildkrötenpanzer beschrieb. Zögernd traten aus der hornigen Hülle vier Beine und schließlich ein riesiger, furchterregender Kopf hervor. Er erwachte mit dem Gefühl dieser schuppigen Haut zwischen den Fingern. Zwei ausdruckslose und graue Augen schweiften auf einem gekräuselten Meer umher.

Der Mittag war vorüber. Auf dem Balkon brannte die Sonne, hob die Flecken aus Staub hervor. Er zog die Fensterläden halb zu, kauerte sich in den Schatten, versuchte, die kaum vorhandene Kühle des Zimmers auszukosten. Bis zum Nachmittag wartete er, um an den Strand zu gehen. Vorher betrachtete er sich im Spiegel und entdeckte unter dem rechten Auge einen sonderbaren bläulichen Fleck, eine Art Schwellung, die sich bereits in ein Ekzem verwandelte. Er setzte die schwarze Brille auf, um die deutliche Spur eines vertrauten Mals, eines schlecht gehüteten Geheimnisses, zu verdekken.

Auf dem Meer segelte ein Surfer. Vom Ufer aus schaute er ihm lange nach, versuchte, die Neigung und die Bahn zu berechnen, bedachte, daß der Wind vom Festland kam und ihn allmählich nach rechts treiben würde, auf die Landzunge zu. Schwimmend nahm er die Verfolgung auf, hielt aber Abstand. Jetzt schien die Sonne mild auf ihn herab. Ihr Widerschein zeichnete auf dem Wasser eine verschwiegene Lichtspur, die ihn zu einem bestimmten Horizont weisen wollte. Das Segel war inzwischen hinter der Landzunge verschwunden. Er drehte sich auf den Rücken, tauchte in die Lichtspur ein. Das absolut ruhige Wasser widerstand ihm: er hatte den Eindruck, sich nicht einen Millimeter fortbewegen zu können. Von der Lichtbahn auf dem Wasser geblendet, erreichte er tastend das Ufer. Sein rechtes Auge begann ihn jetzt zu schmerzen. Er versuchte, das gelbe Schild auszumachen, konnte aber nur dessen oberen Teil erkennen. Diesmal erschien ihm die Botschaft, die es enthielt, erbarmungslos unleserlich.

Magjed erwartete ihn irgendwo an der Straße. Am Morgen, sagte er, habe er befürchtet, daß er abgereist sei: »Du bist nicht gekommen. Heute abend gehst du mit mir essen.« Es sollte eine Frage sein, aber der Junge sprach sie im Ton einer Feststellung aus.

Er wußte, daß die Leute aus dem Ort einen weiteren Anlaß zum Klatsch hätten, wenn er sich dort in Begleitung eines Strandverkäufers zeigte. Er sagte: »Um neun?«

Um Punkt neun Uhr erwartete ihn Magjed in der Bar an der Piazza. Er war hell gekleidet, kam näher: »Ciao.« Der Junge fragte: »Warum trägst du immer die dunkle Brille?« Wortlos deutete er ein »Ich weiß es nicht« an und lenkte das Gespräch auf die Wahl des Restaurants. Der Junge hatte sehr bestimmte Vorstellungen und schlug vor, in Richtung Meer zu gehen. Sie machten sich auf den Weg. Ihm schien es, als ob er die Blicke aller auf sich zöge. Er war verlegen, stolperte dauernd, bis Magjed einwarf: »Du hast wohl Angst, daß alle sehen, daß du mit mir zusammen bist?«

Er antwortete nicht darauf, nahm zärtlich seine Hand und sagte nur: »Ich liebe dich.«

Ich habe keine Ahnung, worüber die beiden beim Essen sprachen. Wahrscheinlich hat Magjed, nach einem langen peinlichen Schweigen, von seiner Familie erzählt. Er sei aus Tunesien, sagte er, und in Italien in der Hoffnung gelandet, Arbeit zu finden. Dann hätte er das übliche Klischee bedient, nach dem die aus seinem Land als fahrende Händler für Plunder übelsten Geschmacks verschrien sind: »Anderes habe ich nicht«, sagte Magjed dazu. Aller Wahrscheinlichkeit nach kam ihr Gespräch dann auf ihr unklares Verhältnis, auf ihre Begegnungen am Meer. Zum erstenmal nahm er seinen Zustand als

Schwerkranker an, erkannte eine banale Tatsache als wahr. Der Junge hat zweifellos auf die Möglichkeit angespielt, nach dem Essen zu ihm zu gehen und miteinander zu schlafen. Er sagte nichts, vertröstete ihn auf den folgenden Tag, auf eine Verabredung an gewohnter Stelle. Er wollte gehen. Allein.

Das Zimmer liegt im Dunkeln verschlossen. Es ist spät, sehr spät. Vorm Spiegel im Badezimmer untersucht er sein rechtes Auge. Bisher, denkt er, hat er sich verhalten, als wenn nichts wäre, als wenn seine Krankheit sich verändern oder verschwinden könnte, einfach dadurch, daß er auf einem anderen Boden, in einer anderen Landschaft war. Er hatte irgendwie geglaubt, daß zwischen seinem Körper und diesem Ort eine gegenseitige, verschwiegene Wechselbeziehung bestünde. Als wenn die topographische Anlage des Ortes seine eigene verschobene Morphologie beeinflussen und durch einen ihm unbekannten Code zur Norm zurückführen, sie von ihrem ansteckenden Fehltritt befreien könnte.

Vielleicht hatte er deshalb eine treibende Landschaft gewählt, eine Gegend auf der Kippe, bereit, vom Meer verschlungen zu werden. In gewisser Hinsicht, das wurde ihm jetzt klar, hatte in seinen Augen die gesamte Landkarte dieser Region, in einem größeren Maßstab, das biologische Verhältnis zwischen seinem Körper, den das Böse umschlingen will, und einem anderen Ich, das sich ihm verweigerte, darstellen müssen; wie die Materie und sein unabhängiger Doppelgänger. Er hatte geglaubt, daß in diesem geographischen Gleichgewicht sein schreckliches »Immundefizienzsyndrom« (so hatte es Doktor Reggiani definiert) sich mit seinem ganzen Wesen aussöhnen könnte.

Statt dessen war die Krankheit ihrer unvorhersehbaren Entwicklung gefolgt, und wenn er eine Lebensfunktion schlechthin, wie zum Beispiel Sex, ins Spiel brachte, kam sie ihm als Grenze ins Bewußtsein, als Schranke, die dieselbe Landschaft oder den Körper in sich einschließt und verbietet.

Er begriff, daß diese Krümmung, die er in den Falten der ihn umgebenden Landschaft zu lesen glaubte, in Wirklichkeit nichts anderes war als die mittelbare Wahrnehmung seines Zustandes. Die Zirkellinie, in die er sich eingeschrieben sah, erschien nun wie der Schattenkreis seines bevorstehenden Zerfalls, dessen Radius nichts anderes war als der Teil von ihm, der dem Bösen noch entkommen wollte. Jetzt war er selbst ganz seine Krankheit geworden. Sich von ihr zu befreien war gleichbedeutend damit, sich von sich selbst zu befreien.

Und Magjed? Wer war Magjed? Ein Zufall? Ein harmloses Ereignis, das innerhalb seiner Bahn festgelegt war, nur um die Unmöglichkeit der Flucht hervorzuheben? Oder war er eine Einbildung? Magjed lebte. Davon konnte er sich aus vielerlei Gründen überzeugen. Aber sein Dasein nutzte nichts, im Gegenteil, es war nur eine zwecklose Übereinkunft, der man sich beugt. Sein Leben, sein Menschsein, Körpersein, Wunschsein dienten allenfalls dazu, seine Existenz für immer auf den Boden des Irrealen zu verweisen. Diese so unbedeutende und wesentliche Beziehung, frei von Gefüge und Verflechtung, bestimmte jetzt seinen äußersten Rückzug, seine entschiedene Weigerung zu überleben. Angesichts der Möglichkeit, weiterzuleben, hatte die Krankheit, sein biologischer Doppelgänger, sein anderes Ich aufgesogen. Die Liebe zu Magjed war davon nur ein verzerrter Spiegel, die verwandelte Inszenierung. Nur eines entzog sich ihm noch. War jener unausgesetzte Versuch, seine eigene Sehkraft zu messen, diese Übung, die er am gelben Schild jenseits der Straße vollzog, etwa die natürlichste Form, seine Instrumente der Wirklichkeitswahrnehmung täglich zu justieren, zu messen? War es das Fernglas, sein eigenes körperliches Untersuchungslabor, das er jetzt untergründigen Irrtümern der Berechnung oder der Regelung anheimfallen sah?

Magjed hatte richtig gesehen, das wußte er. Zum erstenmal war es ihm erst dann gelungen, nichts auf diesem Schild zu lesen, als er eigentlich nur einen Teil davon gesehen hatte, den oberen. Denn, das erkannte er nun genau, auf diesem Schild stand nichts: nur einige vereinzelte Buchstaben, wie in Erwartung, einen Namen zu bilden, eine genaue Ortsangabe zu geben. Sozusagen noch im Vorstadium. Und einen Augenblick lang hatte Magjed ihn unbewußt etwas gelehrt. Zum Beispiel, daß es nichts zu verstehen, nichts zu lesen, nichts zu entziffern gab. Sein Bedarf an Wirklichkeit hatte sich statt dessen selbst entbunden, stellte eine verworrene Realität dar, die der Fälschung unterworfen war, wandelbar und nicht meßbar wie die Infektion, die in seinem Blut zirkulierte.

Wieder klingelte das Telefon. Diesmal störte es wirklich alle, mitten in der Nacht. Er beschloß, aufzustehen und abzunehmen. Plötzlich schmeckte er etwas sonderbar Süßliches, etwas Intimes, Vertrautes. Er hustete. Aus dem Mund trat eine Spur von Blut und Schleim. Es gelang ihm nicht, die Treppe hinunterzugehen, abzunehmen, in den Hörer zu brüllen: »Wer ist eigentlich am Apparat?«

Wie um die eigene, natürliche Wiederkehr zu feiern, schloß er sich einfach im Bad ein.

ERINNERUNGSFOTO

Das erste Bild, das sich der Erinnerung bietet, ist ein ovales, verblichenes Foto. Hinten beginnt das Papier sich abzulösen, die verschiedenen Aufenthalte haben Spuren von Feuchtigkeit hinterlassen, und eine feine, zunächst unleserliche Bleistiftschrift besagt: »Die kleine Emilia«, und, etwas weiter darunter: »2 Monate«. Die Schrift ist auf dem Papier wie verzögert, als wolle sie sich in ihrem Fortgang auflösen, gänzlich verschwinden. Das Bild zeigt eine junge Frau mit dunklem Haar und weichen Zügen, die ihr in ein weißes Tuch mit zartem Spitzenrand gehülltes Töchterchen auf dem Arm hält (aber die beiden Körper sehen so aus, als ob sie sich ineinander verlieren wollen). Um sie herum sieht man nur die geöffneten Flügel einer Fenstertür oder vielleicht eines Balkons. Dahinter ein diffuses Dunkel, einen kompakten Schatten.

Die Frau scheint unentschieden, vielleicht müde: sie stellt sich selbst und die kleine Emilia widerstandslos, leer und abwesend dar.

Nicht einmal ein Jahr zuvor – es war Sommer, aber der Krieg hatte selbst den Lauf der Jahreszeiten durcheinandergebracht – hatte dieses Mädchen ohne Zögern, ohne Nachdenken gesagt: »Ich heirate den, der mir zwei Spiegeleier gibt.« Man dachte, daß sie Spaß mache; die einen lächelten, andere taten so, als ob sie es nicht gehört hätten. Sie aber hatte es ernst gemeint. Für einen Augenblick nur war sie, vielleicht, glücklich.

Ein kaum wahrnehmbarer Lichtstreifen trennt den Schatten des Zimmers. Der Raum ist groß, quadratisch, der Zugangstür gegenüber liegt ein Balkon. Jetzt sieht man noch wenig. Draußen umgibt vielleicht ein starkes, intensives Licht das gesamte Haus. Und aus den anderen Zimmern (viele muß es davon geben, quadratisch auch sie, eines mit dem anderen verbunden, eine Flucht, ein Gang im Schutz vor der Hitze): kein Laut.

Man beachte die Uhrzeit: zwei Uhr mittags. Wo sind die Protagonisten dieser kleinen Begebenheit? Lauschend hinter einer Türe, darauf wartend, daß das Fest beginnt? Bislang sind es nur die Gegenstände, kaum dem Halbschatten entrissen (jetzt haben sich die Augen an die Dunkelheit gewöhnt, man sieht etwas besser), die die Szene beleben, und sie tun es zurückhaltend, am Rande, bewußt leise. Ein mächtiger Schrank beherrscht sie alle: er ist dunkel, vielleicht eines jener Möbelstücke, die Ewigkeit erlangen, zu den nahezu einzigen Verwahrern der familiären Erinnerung werden.

Nahe bei dem Schrank ein zierlicher Waschtisch und dann eine Truhe und einige verstreute Stühle. Ein Zeichen, eine kaum wahrnehmbare Asymmetrie, legt nahe, daß der Raum zu einem ungewöhnlichen Gebrauch vorbereitet ist: Das große Doppelbett (das Kopfende ist aus Messing) ist gegen eine Wand gerückt und mit einem leichten bestickten Bettuch bedeckt. Darauf sind, etwas ungeordnet, drei Schüsseln mit Früchten abgestellt. Und neben dem Bett, auf dem Boden, steht ein Grammophon. Jetzt scheint es, als ob sich das Licht im Zimmer ausdehnt. Man hört Laute; jemand nähert sich, wird die Türe öffnen, die Balkontür aufreißen. Das Zimmer wird aus seiner Ruhe erwachen.

Es ist das dritte Bild, das sich jetzt aufdrängt und das sich von den anderen durch die verborgene Wahl der Erinnerung unterscheidet. Und es ist Maria, die in der Türe zum Schlafzimmer erscheint. Ihre Augen liegen im Halbschatten, aber es ist ihr Körper, der sich deutlich abzeichnet, die Szene betritt. Sie verharrt einen Moment, unentschieden, ob sie eintreten, ob sie die schon vorbereitete Ordnung der Zeremonie durcheinanderbringen soll. Plötzlich überlegt sie, ob sie sich doch nicht verheiraten und – zügellos oder lächelnd oder wer weiß wie – sich davonmachen soll, bevor der Bräutigam eintrifft, bevor ihre »zwei Spiegeleier« sich erfüllen. Sie weiß nicht, ob sie zurück soll: sie hat einen Blick ins Zimmer geworfen, vielleicht vor Aufregung, aus Angst, daß irgend etwas im letzten Moment nicht wie vorgesehen abläuft, daß vielleicht gar der Bräutigam verlorengeht, nicht zur festgesetzten Stunde erscheint (und es ist eine seltsame, ausgefallene Uhrzeit für eine Hochzeit, sich um fünf Uhr nachmittags verheiraten zu wollen, nur ihr hatte das einfallen können), daß es ihr zukünftiger und unbedeutender Mann sein könnte, der nicht mit ihr tanzen will, der eine andere Tanzpartnerin auswählt.

Maria hat über ihre Phantastereien gelächelt. Sie sieht sich, weiß gekleidet und selbst weiß wie ein Schweißtuch, wie sie vergeblich auf die unbeholfenen und eleganten Gäste wartet. Sie stellt sich vor, für immer gezwungen zu sein, den Körper eines Mannes nicht kennenzulernen, den irgendeines Beliebigen, mit dem sie dann weder essen noch tanzen können würde.

Gewiß aber hat sie im Augenblick, da sie beschlossen hat, die Tür wieder zu schließen und nicht einzutreten (alles ist in Ordnung, alles an seinem Platz, nichts, das zu Besorgnis Anlaß gäbe), etwas verspürt. Ein Gefühl, das aus dem Bauch, nicht aus dem Kopf kam. Eine Welle der Begierde hat sie für den Moment gewissermaßen entführt, sie, die ahnungslos, unschuldig wie eine Fliege ist: sie wird in jedem Falle viele Kinder wollen. Ob Jungen oder Mädchen, ist ihr eigentlich egal. In diesem Augenblick hat sie ihre Mutterschaft verstanden. Und sie hat sie verschwiegen, wie immer in den darauffolgenden Jahren.

Maria ist seit kurzem zwanzig Jahre alt. Sie hat die Kindheit so aufgegeben, als handele es sich dabei um nichts; sie hat sich bereit gefunden zu altern. Ja, auf bestimmte Weise hat ihr Körper, der in einigen Zügen noch in der Zeit der Kindheit verharrt (eine gewisse Weichheit ihrer Wangen scheint das bekräftigen zu wollen), ihren Gedanken den Weg in das Alter gewiesen.

Schon vor dem Tag ihrer Hochzeit ist Maria bereits Ehefrau, bereits Mutter. Sie zeigt gegenüber ihren Schwestern (zwei sind es, eine davon ist sehr viel jünger) ein mütterliches Verhalten, sie verwöhnt und sorgt sich um sie. Die Eltern glauben, es sei reine Ziererei, eine sinnlose Verweigerung vor dem sicheren Verlust der Jungfräulichkeit, die letzte Verteidigung eines lange Zeit geduldig gehüteten Territoriums. Aber so ist es nicht: Maria weiß nichts von Jungfräulichkeit und Sexualität. Sie ahnt, daß im Körper eines jeden Mannes ein geheimes Element nistet, das etwas Unvorhersehbares verbirgt. Aber das stellt für sie nicht die Andeutung einer, wenn auch wenig konkreten, Bedrohung dar. Einige Male hat sie sich gefragt, wie Kinder geboren werden, aber sie hat dabei keine Scham empfunden, nichts Sündhaftes ist ihr in den Sinn gekommen. Beschränkt in ihrer etwas primitiven, in gewisser Hinsicht heidnischen Religiosität, hat sie schließlich geglaubt, daß nur dadurch, daß man jede Nacht, und das viele Nächte hintereinander, von Jesus träumt und mit diesem Streicheleien und manchen flüchtigen Kuß austauscht, daß man nur so zeugen, oder besser, sich verdoppeln könne, sich in mehrere Körper multipliziere, in einem biologischen, pflanzenhaften Prozeß.

Deshalb hat sie, die sonst eher nachlässig war, täglich alle Pflanzen auf der Terrasse des Hauses gegossen, in dem Glauben, daß im Dialog zwischen einer Frau und Jesus die Aufgabe des Mannes die sein muß, jeden Morgen ein wenig Wasser auf den Körper der Geliebten zu gießen. Das ist für sie der geheime, tägliche Ritus der

Ehe: eine von einem einzigen Element besiegelte Vereinigung, so wie das Weihwasser einen zur Beichte vorbereitet und diese vor dem Abendmahl ermöglicht.

Vor dem Spiegel ist Maria ergriffen. Das Kleid wirft einige Falten. Noch nie war sie so elegant, so schön. Ein wenig muß sie lachen, wenn sie daran denkt, daß sie begehrenswert ist, von jemandem ersehnt wird. Glücklicherweise ist ihr Mann (Maria denkt bereits in Begriffen wie »Mann« und »Frau«) häßlich, unbedeutend. Sie wird ihn niemals lieben, das weiß sie, das hat sie sofort gewußt. Sie hat sich um die Wahl eines Mannes nicht gekümmert. Der erste war schon recht, der Richtige.

»Ciao.« Maria hat mit sich selbst gesprochen, sie hat sich im Spiegel begrüßt. Es ist ihr Abschied vom Dasein als Tochter. Später wird sie zur Hochzeitsreise aufbrechen: wenige Kilometer bis nach Hause, zu ihrem Haus. Und das keines anderen für den Moment.

Die Gäste sind schon drüben. Sie bevölkern das Schlafzimmer. Der Priester und alle sind da. Er dagegen wird noch erwartet, plump, unbeholfen, eingezwängt in den Anzug, der ihn wie einen Tolpatsch aussehen läßt.

Ihre Mutter ist hereingekommen. Maria lächelt (sie lächelt immer, eine kleine List, um dumm zu erscheinen) und sagt: »Sind alle da?« Ihre Mutter nickt, ist wortkarg, war es immer gewesen. Das Mädchen versteht nicht, warum, aber es spürt einen Hauch von Vorwurf. Auch hiervon wird es sich befreien, in Kürze.

Ihre Mutter betrachtet sie von hinten, zupft das Kleid

zurecht. Sie sagt: »Michele trifft gerade ein … ich bitte dich.« Dann folgt eine Pause. Etwas, was gesagt werden, was in dieser Erzählung enthalten sein müßte, ein Hinweis auf die Zukunft. Aber die ersehnten Laute werden am Rande dieser Seite bleiben, verloren in der Kehle von Marias Mutter, negiert.

Maria hätte gerne gesprochen, dummes Zeug geredet, irgend etwas, nur um sich von dem Schatten der Feier zu befreien, die sie als Hauptdarstellerin sehen wird. Für einen Moment wünscht sie, trotz alledem, daß ihre Schwester Pina es wäre, die sich heute verheiratet. Aber sie ist es, es ist ihr Körper, der weiß gekleidet ist, mit einem Schleier, in dem sie sich verheddern wird, und mit dieser lächerlichen Frisur.

Macht nichts. Der Priester drüben ist bereit. Fast scheint es, als wäre nicht einmal mehr Krieg.

»Ja«, kam es ihr wie ein Hauch von den Lippen. Sie hat nicht ein Wort von dem verstanden, was sie gehört hat, hat auf diese Reden über das Eheleben, über die Aufgaben des Bräutigams und der Braut nicht geachtet, und die Geschichte von der Unauflöslichkeit hat sie kaltgelassen. Dann hat der Priester ihr eine direkte Frage gestellt. »Bis daß der Tod Euch scheidet« – eine abgeschmackte, eine banale Frage. Maria hat geantwortet, weil sie sich daran erinnerte, daß die Brautleute an einem bestimmten Punkt jener Zeremonie »Ja« sagen. Und sie sagen es etwas überraschend, während keiner es erwartet, während im Zimmer viele Gesichter, auch unbekannte, anwesend sind, die sich mit sich selbst beschäftigen. Und dann hört man, so plötzlich, zwei Personen, die »Ja« sagen. Und Schluß. Alle können sich ergriffen fühlen und die Situation sehr bewegend finden und sie all jenen erzählen, die nicht dabeigewesen sind, und sie werden sagen, daß der Pfarrer zärtliche und passende Worte gefunden hat... Maria hat bloß gesagt: »Ja.« Sie hat an nichts gedacht. In sich versunken, hat sie die jüngere Schwester angeblickt, hat sie so klein und unnütz gesehen und hat Mitleid mit ihr gehabt. Und Mitleid mit sich und Mitleid mit allen. Sie weiß nicht, warum, aber sie weint, weint wegen ihrer Einsamkeit, weint um sich selbst und wünschte, daß alle verschwänden, daß alle zu sich nach Hause gingen.

Leider sind ihre Tränen, wie das immer geschieht, mißverstanden worden. Sie, die allein, in Frieden gelassen werden und vergessen sein wollte, wird jetzt von allen umarmt, von Onkeln und Vettern, die sie nie gesehen hat, von Freunden, von Leuten, die ihr mit einem Mal vulgär und unerträglich vorkommen. Irgend jemand hat den Schallplattenspieler in Gang gesetzt; man beginnt zu tanzen; auch sie wird gezwungen sein, es zu tun. In den Armen des Mannes, der für immer ihr Mann sein wird, sieht Maria nichts mehr. Nur eines denkt sie: »Ich will ein Kind, ich will es, will nur das und zwei Spiegeleier.«

Die Musik bricht unvermittelt ab. Große Peinlichkeit breitet sich aus. Maria hat diese Worte nicht nur gedacht, sie hat sie herausgeschrien.

Es gibt kein Foto, das diesen Nachmittag erzählen würde. Es ist mit Sicherheit der 20. Juli 1943, ein Sonntag. Die Vermählung wird im Haus der Braut vollzogen, des Krieges wegen.

Nach den Schreien von Maria entstand ein Schweigen, etwas, das unbestimmter und tiefer war als ein einfaches Gefühl der Peinlichkeit. Keinem kam es zum Beispiel in den Sinn, fortzugehen oder etwa so zu tun, als sei gar nichts passiert. Die wenigen anwesenden Kinder haben vielleicht nichts bemerkt oder haben an eine besonders ausgefallene Form des Feierns geglaubt: Ein Schrei zeugt in jedem Fall von Ausgelassenheit. Und in gewisser Hinsicht, auch wenn ich es nicht präzise erklären kann, waren sie auch nicht allzuweit von der Wahrheit entfernt. Maria hätte es jetzt gerne, wenn alle sich aufstellten, um fotografiert zu werden. Der Magnesiumblitz hätte, über Jahre hinweg, das Gesicht eines jeden beschrieben, ohne Worte hinzuzufügen. Pina wäre das scheueste und ungreifbarste der Mädchen in ihrem Alter gewesen; auch sie kurz vor der Hochzeit und doch noch unter dem Schleier der Mutter verborgen, noch auf dem Feld der Kindheit zurückgehalten. Neben ihr stünde ein nur wenig älterer Junge (und dieser wird, wie man erahnt, ihr Mann werden) mit dem etwas unbestimmten Ausdruck von einem, der an andere Dinge denkt oder vielleicht nur unsicher ist.

Weitere Gäste okkupierten die Randgebiete anderer Fotografien. In die Rolle von Nebendarstellern gezwungen, versuchten sie vergeblich, einen eigenen Raum in der Szene zu erobern, bedeutende Gesten zu machen.

Inmitten einer Gruppe von Verwandten gehört das Zentrum den Eltern Marias, den Gastgebern. Er ist ein Hüne, der zur Ironie neigt, zum anspielungsreichen Lächeln, sie ist klein, streng, ohne sichtbare Spuren ihrer fünf Mutterschaften. Auf ihre Weise, behutsam, lieben sie sich.

Gegen Abend beginnt das Fest sich langsam aufzulösen, Erinnerung zu werden. Pina wird viele Jahre später sagen: »Ich habe mich wie noch nie in meinem Leben vergnügt. Nicht einmal, als ich selbst Hochzeit feierte, habe ich mich so amüsiert: ich tanzte mit allen.«

Das, was jetzt naht, ist das Alltagsleben. Es wird sehr viel mehr Teller und Gläser abzuwaschen geben, jeder Überrest wird haushälterisch auf den richtigen Weg geleitet werden: man wird den Armen etwas geben oder in den nächsten Tagen etwas mehr essen. Und auch dem Pfarrer, der so unvergeßliche Worte gefunden hat, die Maria sofort in ihrem Innern verlor, muß etwas gegeben werden. Im Haus sind viele, die dabei helfen, die Gegenstände, die das Fest begleitet haben, an ihren gewohnten Ort zurückzubringen: Das Bett kehrt zurück in das Zentrum des Zimmers, der Plattenspieler wird in einen anderen Raum gebracht, die Platten gehen von einer Hand zur anderen; niemand weiß, wo sie landen.

Maria ist mit ihrem Mann fortgegangen. Es war schmerzlich, vor allem für Pina: Beide haben es nicht geschafft, sich zu beherrschen, sie haben beim Abschied geweint. Maria hat nicht gesprochen, sie hat die Schultern hochgezogen und weiß nicht, warum, aber sie hätte Pina am liebsten um Entschuldigung gebeten, ihr gesagt, daß sie sich keinesfalls verheiraten solle, und: »Erinnerst du dich, daß ich gesagt habe, daß ich Michele bereits einmal geküßt hätte? Das war nicht wahr: dich dagegen will ich küssen.«

Pina hat etwas bemerkt, hat einige dieser nie ausgesprochenen Worte aufgefangen, hat sich an sie gewissermaßen erinnert und noch mehr weinen müssen. Maria hat ein Stück ihres weißen Schleiers abgerissen, zerknüllte es in ihrer Faust wie ein Taschentuch und gab es Pina.

Jetzt ist fast ein Jahr vergangen. Maria lehnt gegen die Flügeltüren des Balkons ihres Hauses. Sie ist verwirrt, als ob unvermittelt ihr Leben mit einem anderen verbunden wäre, sie selbst für immer im Körper jener Unbekannten untergegangen sei.

Emilia ist gerade geboren. Die Geburt verlief rasch, schmerzlos, das Kind scheint gesund (Maria hatte vor der Geburt oft unter monströsen Phantasien gelitten, in denen sie aus dem eigenen Bauch ein deformiertes, krankes Wesen, an der Schwelle zum Tod, hervorkommen sah). Mutter und Tochter bilden ein Ganzes, ein einziges Wesen, ganz so, als ob Emilia noch teilweise im Körper von Maria enthalten wäre.

Ein Fotograf ist da, er ist eigens gerufen worden. Er hat eine etwas ausgefallene Einstellung gewählt: Er wird Maria und ihr Kind gegen das Dunkel ablichten. Er hätte sie auf dem Balkon aufnehmen können, zwischen den Blumentöpfen, in einem nicht starken, aber ausreichend leuchtenden Licht, und damit ein Bild sonniger Mutterschaft geschaffen. Er hingegen hat, als Hintergrund dieser Geburt, den Halbschatten gewählt, hat die Begebenheit herausgehoben, indem er ihr jeden Bezug zur Welt entzogen hat. Er hat Marias Vergangenheit und die augenblickliche Existenz der Tochter zugleich negiert und geläutert.

Maria hat keinen bestimmten Ausdruck. In ihren Augen erscheint bereits das Profil des Nächstgeborenen: ein Junge, der das Licht der Welt viele Jahre später erblicken wird und den sie wegen seiner Homosexualität schmerzlich lieben wird.

Der Fotograf hat soeben gesagt: »Haltet still und lächelt.« Ohne es zu bemerken, hat er sich auch an die Neugeborene gewandt.

REISENOTIZEN

Die Stimme am Telefon sagte: »Entschuldige die Störung, ist Maurizio da?« Automatisch antwortete ich: »Nein.« Dann, indem ich versuchte, mich zusammenzunehmen, meine Angst nicht zu verraten, fügte ich noch hinzu: »Wer möchte ihn sprechen?« Die Stimme sagte verlegen: »Eine Freundin. Macht nichts, danke.« Ich suchte sie aufzuhalten, noch etwas anderes herauszufinden, bekam aber den Mund nicht auf. Am anderen Ende sagte das Mädchen noch einmal »Danke« und legte auf. Ich versuchte so zu tun, als ob nichts wäre, legte in voller Lautstärke eine Platte auf und fing an, mitten im Zimmer wie entfesselt zu tanzen. Maurizio ist vor mehr oder weniger zwei Wochen verschwunden. Ohne etwas zu sagen, als ob nichts wäre, hat er sich davongemacht. In diesen Tagen ging mein Leben weiter wie immer. Zu Hause fuhr ich fort, alles zu ordnen, als erwartete ich jemand. Aber ich bin allein. Immer wenn ich daran denke, wundert es mich, wenn auch nur einen Augenblick. Bis jetzt habe ich beschlossen, ihn nicht zu suchen und zu verstehen, warum er abgehauen ist. Manchmal denke ich darüber nach, bin dann aber sofort abgelenkt. Vielleicht geht es mir gut so.

Und doch ist es seltsam, daß gerade jetzt, wo Maurizio weg ist, jemand ihn hier sucht. In zwei Jahren hat ihn niemand angerufen; manchmal glaubte ich sogar, daß er außerhalb dieses Hauses kein Leben führe, daß er niemanden kenne. Aber jetzt sucht ihn eine Frau, eine Frau, die er kennt. Ich bin neugierig, wie sie heißt, wie alt sie ist und was sie tut. Ich frage mich auch, welcher Art das Verhältnis zwischen ihnen sein mag. In gewisser Weise wird mir erst jetzt bewußt, daß ich von Maurizio nichts weiß oder doch fast nichts. Ich weiß, daß seine Mutter hier in der Stadt lebt, daß er zwei Brüder hat, das hat er ein paarmal angedeutet. Ansonsten ist der Maurizio, den ich kenne, eine Art nächtlicher Geist, der in diesem Haus umgeht, mein Doppelgänger, nur wenig jünger als ich. Ein großer, schlaksiger Typ, der immer Lust hat, mit mir in einem Bett zu schlafen.

Heute morgen waren auf meinem Gesicht eigenartige rötliche Flecken. Ich habe nicht gleich darauf geachtet, nahm sie als Folge einer normalen Hautreizung nach dem Rasieren. Später juckten sie immer stärker. Auf der Arbeit fragte mich jemand: »Was hast du mit deinem Gesicht gemacht?« Ich schloß mich im Bad ein. Im Spiegel sah ich, daß die Flecken angeschwollen, daß richtige Blasen daraus geworden waren, die sich gleichmäßig über die behaarten Stellen im Gesicht verteilten. Ich erschrak. Augenblicklich bildete ich mir ein, von einem unheilbaren, schleichenden Übel befallen zu sein, das nach und nach meinen ganzen Körper einhüllt, ihn in eine wässerige, infizierte Blase verwandelt.

Die Sprechstundenhilfe des Hautarztes zögerte, bevor

sie Datum und Uhrzeit des Termins festlegte. Sie sagte: »Mittwoch um halb zwölf. Paßt es Ihnen?« Ich habe versucht, darauf zu beharren, früher an die Reihe zu kommen, aber sie ließ sich nicht bewegen und sagte: »Es tut mir leid«, und riet mir, auf die Ernährung zu achten. Ich weiß, daß es absurd ist, aber ich denke immer noch, daß das gestrige Telefongespräch und die sonderbaren Flekken im Gesicht in einem untergründigen Verhältnis zueinander stehen, das sich mir vorläufig entzieht. Als hätte mein Körper sich vorgenommen, ganz biologisch auf die Neugier zu reagieren, auf die Angst, die diese Stimme am Telefon in mir ausgelöst hat. Oder als hätte die Stimme sich von selbst ausgebreitet, sich in meinem Inneren vermehrt wie eine Infektion, genauso anonym wie ein Virus. Und ich rede mir ein, daß vielleicht, wenn der Arzt meine Krankheit benennt und eine entsprechende Behandlung verordnet, sich auch diese Stimme endlich zu erkennen gibt, um sich letztlich durch die Wirkung der Medikamente zu entfernen.

Der Arzt nahm eine kleine Lampe und leuchtete auf eine bestimmte Stelle in meinem Gesicht. Sein etwas unbeteiligter Blick schien sich an einer einzigen Pore meiner Haut festmachen zu wollen. Er forderte mich auf, mich auf eine Liege zu legen und ihm zu sagen, ob es an den Stellen, wo er mich abtastet, weh tut. Ich spüre nichts, und alles in allem, glaube ich, bin ich abgelenkt. Ich denke an Maurizio, wünschte mir, daß er hier wäre, daß er draußen vor der Tür auf mich wartete.

Der Arzt hat sich wieder aufgerichtet; er drehte mir den Rücken zu und sagte: »Es ist nichts weiter. Schonen Sie sich ein paar Tage.« Dann hat er mir eine Salbe verordnet, die ich auf die gereizten Stellen auftragen soll, und mir zur Sicherheit eine Blutuntersuchung empfohlen. »In spätestens einer Woche werden sie verschwunden sein«, hat er gesagt und zeigte dabei auf mein Gesicht. Ich ging hinaus und stellte mir dabei vor, daß auch mein Gesicht zusammen mit den Flecken verschwände.

Zu Hause verteilte ich sofort die Salbe auf dem Gesicht und verrieb sie sorgfältig. Ab und zu betrachte ich mich im Spiegel: Unsinnigerweise warte ich auf ein Wunder, während ich ein seltsames, tiefes Brennen fühle, das mein Gesicht entstellt. Das Telefon klingelt. Ich nehme erregt ab. Die Stimme von neulich fragt: »Entschuldige die Störung. Ist Maurizio da?« Es schockiert mich, daß die Frau die gleichen Worte sagt wie beim letzten Mal. Ich habe beinahe den Verdacht, daß es sich in Wirklichkeit um ein Tonband handelt, das sich von selbst meldet. Ich spüre aber, daß sich hinter diesem Satz jetzt eine andere, gedrängte Unruhe verbirgt, daß er sich nur scheinbar wiederholt. Ich sage: »Nein. Aber du, wer bist du?« Sie: »Eine Freundin.« »Welche Freundin?« Die Frau antwortet nicht, atmet heftig in die Muschel. Ich erkläre: »Ich sehe Maurizio nicht mehr.« Sie legt wortlos auf.

In der Schublade habe ich nach der Adresse von

Maurizios Mutter gesucht. Ich überlege, sie zu besuchen, sage mir aber sofort, daß es für uns beide peinlich wäre. Für sie bin ich im Grunde genommen ein Fremder. Vielleicht könnte ich anrufen, aber im Telefonbuch gibt es unter dem Familiennamen keinen, der mit der Adresse übereinstimmt. Ich versuche es unter ihrem Mädchennamen und finde die Nummer: 7 31 42 18. Eine leere, ferne Stimme antwortet mir wie jemand, der aus einer unergründlichen Tiefe spricht. Ich erkläre mit wenigen Worten den Grund meines Anrufs. Sie scheint überrascht, aber nur für einen Moment. Dann sagt sie: »Ich weiß wenig von meinem Sohn. Ich höre fast nie von ihm. Ich weiß, daß er jetzt arbeitet.«

»Jetzt« sagte sie mit einer sonderbaren Intensität, als wolle sie tatsächlich den genauen Zeitpunkt bestimmen, als sei sie sich einen Augenblick später schon über nichts mehr sicher. Ich dachte: »Welches jetzt wird das sein?« Während sie sich zu erinnern suchte, wo ihr Sohn arbeitet, sah ich zum Balkon. Von draußen kommt ein sanftes, schwankendes Licht, das meinen Willen kurz lähmt, hinauszugehen und Maurizio zu suchen. Mir ist, als ob eine Ewigkeit vergangen wäre, bis ich die Stimme der Frau wieder im Hörer vernehme.

Ich hängte auf, sagte: »Danke. Bis bald.«

Ich behielt alles im Kopf, die Adresse und das andere. Eine Stunde später, vielleicht auch früher, sprach ich bereits mit dem Besitzer der Lebensmittelfirma in einer entlegenen Gegend. Er hat mich besorgt gemustert: es war, als ob er etwas über Maurizio wissen wollte. Mehr als einmal habe ich den Grund meiner Neugier verschwiegen. Im Gegenteil, angesichts seiner einfachen, direkten, vielleicht auch gewöhnlichen Fragen wußte ich wirklich nicht, warum ich hierhergekommen war. Am Ende hat er die Arme ausgebreitet, hat gelächelt: »Er ist praktisch gleich wieder gegangen: er hatte keine Lust zu arbeiten.« Dann, wie um mich darüber hinwegzutrösten, daß er weiter nichts wußte, beschrieb er mir ausführlich Maurizios Arbeitstag. Durch seine Worte hindurch sah ich ihn riesige Pakete mit geschälten Tomaten oder Nudeln ein- und ausladen (jede Marke hatte ihr eigenes Gewicht).

Ich wollte gehen. Er hingegen wollte endlos weiterschwatzen. »Es ist spät. Danke«, sagte ich, und er: »Kommen Sie. Bevor Sie gehen, zeige ich Ihnen sein Fach: ich habe einen zweiten Schlüssel.«

Es enthält kaum Sachen: ein paar graue Socken mit gelben Streifen, eine Plastikuhr, ein paar Blätter. Ich frage: »Kann ich wenigstens die Blätter mitnehmen?« Er ist einverstanden, es ist ihm gleichgültig.

Im Auto schaue ich auf die Blätter wie auf eine Reliquie. Ich lese sie mehrmals. Ich betrachte sie: »Ich weiß, daß Du mich nicht verstanden hast. Du bist zu sehr... Ich werde immer der Deine sein. Kuß, Maurizio.«

Die Handschrift ist krumm, kantig, fahrig. Sie ist ohne Ziel. Zum erstenmal in diesen Tagen bin ich traurig. Ich muß an etwas anderes denken. Oder schlafen.

Ich habe lange und tief geschlafen, bis ich spürte, daß in meinem Innern ein zweiter Körper sich ausbreitete.

Nach und nach bin ich wie unter Zwang aufgewacht, als suchte ich dieser absurden, unfreiwilligen Verdoppelung zu entkommen. Die Flecken im Gesicht sind dunkler geworden; es sieht so aus, als hätten auch sie im Schlaf ein Mittel gefunden, das sie mildert, besänftigt. Ich habe beschlossen, die Blutuntersuchung nicht machen zu lassen, finde, daß es unnötig ist, und außerdem hat es mir immer angst gemacht, wenn ich sah, wie das Blut aus seinem natürlichen Kreislauf austrat und durch ein Plastikröhrchen rann, bevor es auf einem durchsichtigen, aseptischen Objektträger anhält. Vielleicht ist das eine naheliegende Reaktion auf die Vertrautheit, die Maurizio bedauerlicherweise im Umgang mit Spritzen, Kanülen und behelfsmäßigen Stauschläuchen hat. Nur ein einziges Mal habe ich ihn im Bad überrascht, als er sich einen Schuß setzte: sein Blut erschien mir sonderbar hell, gefährdet. Der gleiche Ton, die gleiche Zerbrechlichkeit, die sich in diesem Moment in seinen Augen abzeichnete. Er hatte mich besorgt angelächelt und gesagt: »Es geht schon vorbei.« Von da an bis zu seinem Verschwinden habe ich ihn nicht mehr gefragt. Tag für Tag habe ich gelernt, den Tonfall seiner Stimme zu deuten, seinen Blick zu ergründen, in seinen unvermittelten Schweißausbrüchen die Gegenwart des Heroins zu erkennen. Und in ihrer abstrakten Chemie erschien mir die Droge bald wie eine Art dritte Person, die sich zwischen mich und Maurizio stellte. Ein unerträglicher Gast, geradezu abstoßend, aber gerissener als ich und vor allem unkontrollierbar.

Ich denke an den letzten Tag zurück, den Maurizio

und ich gemeinsam verbracht haben. Es kommt mir vor, als wäre seither schon eine Ewigkeit vergangen. An diesem Vormittag sind wir, warum auch immer, zur Scala santa gegangen. Die Treppe schien weit über den höchsten Punkt hinauszureichen, den ich erkennen konnte. Viele Menschen waren um uns herum. Wir kamen uns vor wie in einer Filmkulisse, in einem von diesen Streifen, die in einer sonderbaren, unechten Epoche spielen, in der Männer und Frauen, die mit heiligen Dingen beschäftigt sind, unherwandern. Es konnte sich um einen Schinken mit einem Titel wie »Der Geheimbund des Gottes Pan« oder »Vestalinnen des unbekannten Tempels« handeln.

Maurizio hatte gesagt: »Die Katholiken steigen hoch bis ganz oben.« Ich war der Ansicht, daß es letztlich kein großes Opfer sei. Er wandte ein, daß es eine furchtbare Unternehmung sei, wenn man sie auf den Knien ausführe oder dabei mit der Zunge die Stufen lecke. Die Unterhaltung blieb bruchstückhaft, unbeendet wie fast alle unsere Gespräche. Er wollte zur Piazza zurückkehren, einen Kaffee trinken. In der großen Bar an der Ecke hatte er mich ein wenig verzweifelt angesehen und gesagt, daß es ihm lieber gewesen wäre, wenn ich ihn ein wenig enttäuscht hätte. Auch dieser Satz blieb ohne Fortsetzung. Ich erwartete, daß er mich von einem Augenblick zum anderen mit irgendeiner Ausrede sitzenlassen würde, um zu gehen und sich zu spritzen. Seine wechselnden Launen war ich gewöhnt, sein Verlangen nach Flucht. Ich glaubte nicht daran, daß die Flucht an diesem Tag endgültig stattfinden würde.

Ich tat, als wäre nichts gewesen, und sagte: »Ich warte zu Hause auf dich, heute abend.« Er ging fort, ohne zu antworten, stumm wie ein Fisch.

Maurizios Freundin hat nicht mehr angerufen. Muß ich das als unheilvolles Zeichen deuten, als weiteres Indiz dafür, daß er sich in Nichts aufgelöst hat, oder als beruhigende Tatsache? Ich weiß es nicht, frage mich nur. Gleichzeitig werden die Flecken im Gesicht blasser. Jetzt sehen sie ausgetrocknet, ausgezehrt aus, als wollten sie sich in die Ruhe der Haut zurückziehen. Vorsichtig versuche ich, mich zu rasieren. Die Haut ist wie eingeschlafen, abwesend.

Lustlos habe ich mich wieder auf die Suche nach Maurizio gemacht. Nachdem ich lange darüber nachgedacht hatte, beschloß ich, seine Mutter zu besuchen. Das bringt vielleicht nicht viel, aber die Unruhe treibt mich, es zu versuchen. Ich wähle einen etwas ungünstigen Zeitpunkt: zehn Uhr morgens. Auf mein Klingeln antwortet niemand. Sinnlos drücke ich in regelmäßigen Abständen die Taste der Sprechanlage.

Ich beschließe, mich zu entfernen, ein paar Schritte zu gehen.

Dieses Stadtviertel hat einen eigenen, wahnsinnigen Reiz. Die Straßen treffen sich, schneiden sich, teilen sich nach geometrischem Muster, aber wie von einem unordnungsstiftenden Element aufgehalten, von etwas, das dort planlos abgeladen worden ist. Diese doppelte Ordnung mit ihren doppelten Zeichen fasziniert mich. Ich denke: »Jetzt überquere ich die Straße. Ich treffe sicher auf eine Parallelstraße.« Aber nein: Eine Querstraße mündet in einen langen und dünnen Schlauch, der parallel oder – ich weiß nicht, wie – zu den beiden seitlichen Alleen verläuft. Ich bleibe stehen, mache eine grundlegende Berechnung: Der Weg sieht so aus, als ende er nirgendwo. Jetzt begreife ich: Langsam biegt sich der Schlauch zur zweiten Allee hin, bis er sich von ihr verschlingen läßt. Etwas weiter weg verbindet eine baumbestandene Allee zwei Kathedralen, symmetrisch und doch unstimmig. Ich kehre um. Hinter mir sagt jemand: »Sie suchen Maurizio.« Es ist keine Frage. Der Tonfall ist eine Feststellung, offenkundig, als gäbe es nichts Selbstverständlicheres, als daß ein völlig unbekannter Mensch Maurizio sucht. Unbeteiligt sehe ich auf die Uhr. Ich sage: »Ja.« Die Frau hat nicht erwartet, daß ich mich vorstelle. Sie sagte einfach: »Kommen Sie mit in meine Wohnung, reden wir ein wenig.«

Ich folge ihr über die Treppe; sie kehrt mir den Rücken zu. Sie hat lange, offene Haare. Ich denke: »Sie sieht aus wie ein Mädchen.« In der Wohnung ist niemand. Sie kocht einen Kaffee, deutet auf einen Stuhl in der Küche und sagt: »Setzen Sie sich jetzt«, gleichsam wie ein Befehl. Ich bin verwirrt, setze mich, ohne den Regenmantel auszuziehen.

Zehn Minuten lang sagte niemand etwas. Wir sahen uns gegenseitig stumm an, ich machte eine Bewegung, um auf die Eisenbahn draußen vor dem Fenster hinzuweisen. Sie zeigte keinerlei Interesse, fragte mich: »Warum suchen Sie Maurizio?« Die Frage, die einfachste, die es gab, hat mich getroffen wie ein Schuß. Ich wand mich, spielte auf wer weiß was an. Dann, nach einigen Minuten, sagte ich: »Er interessiert mich.« Mehr wußte ich nicht zu sagen. Sie hat ihren Kaffee getrunken und ich auch, schweigend. Danach bedeutete sie mir, ihr zu folgen. Wir traten in ein Zimmer, das ganz und gar von einem Ehebett beherrscht wurde, einer Art häuslicher Riesentrophäe. Sie schaltete den Fernseher ein, ohne auch nur einmal hinzusehen, und öffnete eine Schublade: »Von Maurizio ist das alles.« Sie zeigte auf ein Hemd, eine halb kaputte Uhr, ein Heft. Idiotischerweise sagte ich: »Ihr Sohn sammelt Uhren...« Sie sah mich schräg an, mit vorwurfsvoller Miene. Ich sagte: »Gut... danke... bis bald.«

Sie hat mich bis zur Tür begleitet, hat das Heft herausgezogen und gelächelt: »Wollen Sie es? Ich weiß nicht, was ich damit soll.« Ich nickte zum Gruß, bin die Treppe hinuntergelaufen und hielt das Heft ein wenig unbeholfen, als hätte ich es gestohlen.

Zu Hause habe ich es auf meinen Tisch gelegt. Noch habe ich keine Lust, darin zu blättern. Ich kann mir in Ruhe vorstellen, daß alles darin steht, was mir durch den Kopf geht, sinnlose Sätze oder rätselhafte Zeichen, Ziffern in einem frei erfundenen orientalischen Zahlensystem oder, wenn ich mir etwas Mühe gebe, der Stadtplan mit einigen roten Kreisen, die eine Piazza oder eine bestimmte Kreuzung kennzeichnen, und daneben ein beinahe unleserlicher Vermerk, der mehr oder weniger bedeutet: »Maurizio« und »Mario«. Ich verbringe ganze Stunden damit, mir Maurizios Handschrift vorzustellen: Wird ihr Zug unsicher, verloren sein oder glatt, gleichmäßig, besonders fein? Und dann frage ich mich, ob das Heft vielleicht nichts weiter als die unendliche Trauer vieler weißer verlassener Seiten in sich birgt.

Jetzt habe ich schon ganze Tage damit zugebracht, nichts zu tun. Die Lust, Maurizio wiederzusehen, ist unsagbar geworden, ist wie ein Knoten, der mir die Kehle abschnürt. Ins Büro schicke ich weitere ärztliche Gutachten, Krankheitsatteste, Bescheinigungen über körperliche Auszehrung. Inzwischen werden sie denken, daß ich im Sterben liege, oder noch schlimmer.

Ich beschließe, mich an die Polizei zu wenden. Bevor ich das Haus verließ, rief ich bei einem ärztlichen Notdienst an. Als ich nach einem Jungen mit Namen Maurizio fragte, hörte ich, wie der diensthabende Angestellte ins Telefon schnaubte. Ich habe mir Mühe gegeben, einen möglichst dramatischen Ton in meine Stimme zu legen, aber er unterbrach mich sofort: »Hier ist niemand, der in Frage kommt. Versuchen Sie es woanders.« Er redete, als hätte ich eine Ware verlangt, die im Krankenhaus gerade nicht vorrätig ist.

Auf der Wache habe ich einem Polizisten erklärt: »Er ist seit über zwei Wochen verschwunden.« Er fragte mich, ob es um einen Verwandten oder so etwas geht. Ich antwortete: »Er ist ein Freund. Wir leben zusammen.« Er entfernte sich mit einem ahnenden Lächeln auf dem Gesicht. Jetzt kommt es mir albern vor, daß ich hierhergekommen bin; ich habe Angst, daß ich übertrieben habe, daß ich zu weit gegangen bin. Das Büro ist düster, verdreckt, nichts scheint an seinem Ort zu sein, und von draußen dringt Lärm herein. Ich war fast entschlossen zu gehen, als der Polizist zurückkehrt, sich hinter den Schreibtisch setzt, mir ein Blatt mit Angaben über Maurizio zeigt. Es ist eine Reihe von Vorstrafen wegen Drogenmißbrauchs und Drogenhandels. Ich werde rot. Er sagt unbeteiligt: »Ihr Freund nimmt Drogen.« Ich mache eine Bewegung, möchte abhauen. Der Polizist starrt mich einen Moment lang an, dann fragt er: »Lebt ihr schon lange zusammen?« Mehr als alles andere scheint ihn zu interessieren, welches Verhältnis zwischen Maurizio und mir besteht. Ich betrachte ihn unbehaglich, stottere: »Seit ungefähr zwei Jahren. Was ist daran so schlimm?« Er sagt nichts und starrt mich weiter an, während ich befürchte, jeden Augenblick in Tränen auszubrechen. Ich will aufstehen, aber er hält mich zurück, sagt: »Wollen Sie eine ordnungsgemäße Vermißtenanzeige aufgeben?« Ohne recht zu wissen, warum, höre ich mich sagen: »Wissen Sie, ich liebe diesen Jungen.« Dann gehe ich aus Scham hinaus, ohne noch etwas zu sagen.

Die Stadt hat etwas Alkoholisches, riecht nach Desinfektionsmitteln. Die Lichter strömen in einem rosaroten, stechenden Farbton zusammen. Sogar die Autoscheinwerfer fügen sich harmonisch in dieses zarte Frühlingsleuchten ein, blitzen durch die Straßen, lassen ein Gefühl von Reinheit, von urbaner Geradlinigkeit in der Luft zurück. Ich habe immer gedacht, daß diese Stadt abends unendlich viel schöner ist. Als ließen sich ihre Umrisse genau bestimmen, als erweiterten sie den topographischen Raum. Der Himmel zum Beispiel nimmt das Aussehen einer gläsernen, opalisierenden Kuppel an, eine große, unermeßliche Glasglocke, die feuchte Wärme an die Straßen, Plätze, Häuser abgibt.

Ich gehe nach Hause zurück, wähle dabei absichtlich den längeren Weg. Ich laufe eine Allee mit vielen Geschäften, Schaufenstern, blinkenden Lichtern entlang. Hin und wieder bleibe ich stehen, betrachte eine Menge ausgebreiteter farbiger Uhren, überlege, welche Maurizio aussuchen würde, wenn er mit mir hier wäre. Wahrscheinlich hätte er eine klassische gewollt, mit arabischen Ziffern, ohne Datumsanzeige; er hätte sich von der Marke und von ihrem Wert überzeugt, ungeachtet jeder Mode. Er würde sagen: »Eine Uhr muß halten.« Ich hingegen würde auf einem vergänglicheren Ding bestehen, aus Plastik, mit transparentem Gehäuse und ohne Ziffern, ohne jedes Zeichen: nur zwei Zeiger, die im Leeren schwimmen, ohne genauen Bezugspunkt.

Zu Hause angekommen, habe ich die Treppe im Laufschritt genommen und die Türe offengelassen. Das Telefon klingelt schon länger; ich denke, daß Maurizio es sein könnte. Ich höre die Stimme derselben Frau, und noch bevor sie weiterreden kann, frage ich sie: »Ist es möglich zu erfahren, wie du heißt?« »Entschuldige die Störung.« Ich befürchte, daß sie denselben ritualisierten Satz wiederholt, daß sie ihn gleichsam als eine Formel betrachtet, die ihr Zugang zu meiner Intimität verschafft, ohne sich im Gegenzug offenbaren zu müssen. Deshalb unterbreche ich sie, bevor sie wieder auflegt:

»Ich weiß nichts von Maurizio, vielleicht könntest du mir etwas sagen.« Sie antwortet einfach: »Ja«, dann schweigt sie, als stecke in dieser einzigen Silbe eine Botschaft, eine in sich ausreichende Information. »Na und?« bohre ich. Und sie: »Er möchte dich sprechen, aber nicht jetzt: morgen nachmittag, an der gewohnten Stelle. Einverstanden?« »Ein« und »verstanden« sagt sie so, als wären es zwei Worte ohne jeden Zusammenhang, weder einem syntaktischen noch einem logischen. Sie entläßt sie in den Hörer, deponiert sie voneinander getrennt, als habe sie Angst, sie zu verwechseln, sie in der Telefonleitung zu verlieren. Ich sage: »Einverstanden.«

(In der Nacht kann ich nicht schlafen. Ich höre laute Musik, rauche wie verrückt, hülle mich in den Qualm. Ich betrachte mich im Bad im Spiegel, prüfe die Flecken, dann Augen und Zunge, sage mir: »Ich fühle mich nicht gut«, auch wenn von den Flecken im Gesicht kaum mehr als ein Schatten geblieben ist, ein undeutliches Zeichen. Die Vorstellung, zu spät zu der Verabredung zu kommen, schreckt mich, warum auch immer. Der Fernseher sieht mich mitleidig an, würde mich gerne für ein paar Minuten gefangennehmen. Es gelingt ihm nicht. Mir liegt nicht daran. Ich betrachte Maurizios Heft, öffne es aber nicht; es scheint mir eher, als sei der Sinn seiner Botschaft, falls es ihn gibt, eben jener, geheim, bewahrt zu bleiben. Auf dem Bett verliere ich an Höhe, der Körper schwebt von selbst. Jetzt bin ich unbeweglich, gefroren. Der Schlaf kommt unmerklich, wie ein landendes Flugzeug, das nach dem Aufsetzen lange bremst, mit einem fürchterlichen, betäubenden Sausen.)

Ich bin sehr viel früher von zu Hause weggegangen, habe das kleine Heft behutsam in die Tasche gesteckt, darauf achtend, daß es nicht zerknittert. Dann habe ich einen Kaffee in einer Bar getrunken. Ohne Eile, eher mit vorgetäuschter, theatralischer Gelassenheit habe ich eine Zigarette angezündet, habe zu jemandem gesagt: »Viertel vor zwei.« Im Auto komme ich rasch vorwärts, nehme es entschlossen mit den Ampeln auf, denke an nichts Bestimmtes: mein Körper ist ganz gesammelt, aufs Steuern konzentriert. Ich fahre an den Bürgersteig heran, parke und schließe langsam die Wagentür. Meine Bewegungen sind automatisch, umschleiert, ich nehme sie nur mühsam wahr. Als ich mich umdrehe, sehe ich ihn vorbeigehen. Es ist ein Augenblick wie ein Blitzlicht, das die Pupillen zusammenzieht: Maurizio ist dort, auf der anderen Straßenseite, mit einer Frau. War sie es, die mich angerufen hat? War diese volle und zugleich hastige, lapidare Stimme die ihre? Ich weiß nicht mehr, was ich tun soll, vielleicht sollte ich einfach weggehen, zurück nach Hause, meinerseits verschwinden, aber ich bin wie versteinert, von etwas gebremst. Aus instinktiver, verzweifelter Abwehr hocke ich mich hinter den Wagen: Es ist eine mechanische Handlung, die mich daran erinnert, wie ich mich als Kind hinter einem Sessel oder Schrank versteckte und die Augen schloß, überzeugt, durch einen Zauber unsichtbar, unerreichbar geworden zu sein. Und so sehe ich auch sie vorbeigehen... Ich weiß nicht, wer sie ist, aber es ist wie ein seit jeher bekanntes Bild: eine Frau in einem blauen Ritmo, die mich absichtsvoll mustert, ohne etwas zu sagen, aber doch absichtsvoll...

An den Tischen vor der Bar ist niemand. Ich gelange dorthin, als hätte ich unendliche Straßen überquert, alle Straßen, die ich bis heute überquert habe. Ich möchte mich in dieser Handlung verlieren, zurückgehen und dann wieder vor, hin- und hertaumeln, hier und jetzt mein Ich und all die anderen Identitäten beugen, die mich bewohnt haben. Unbestimmt weiß ich, daß ich kurz davor bin, jede Kontrolle zu verlieren. Ohne einen wirklichen Entschluß gefaßt zu haben, öffne ich das Heft. Ich bin nicht neugierig, nur etwas müde. Ich lese:

... ich habe Dich kürzlich gesehen, Du hast mir aufgelauert... ich bin in eine Einfahrt gegangen, hier, gerade um die Ecke. Die Nadel ging zuerst in ihren Arm, dann in meinen, sanft, wie ein warmer Strom von Zärtlichkeit. Sie ist etwas unruhig geworden, hat mich angeschaut und zu mir gesagt: »Gibst du mir jetzt einen Kuß?« Ich habe sie geküßt, und es war, als schmeckte ich in ihrem Speichel etwas Süßliches, das mir nicht gefiel; ich habe Dich mir an ihrer Stelle vorgestellt, aber es gefiel mir dennoch nicht... ich sehe Dich vor der Bar, aber ich spüre, daß ich es nicht schaffe zu kommen... ich möchte Dich rufen, ja, aber mir ist, als ob ich zu Boden gleite. Eine Frau sieht mich

an, vielleicht kenne ich sie, oder Du kennst sie... aber warum zum Teufel schaust Du herüber... ich weiß, daß Du mich nicht verstanden hast, Du bist zuviel, ich werde immer der Deine bleiben...

Vielleicht wird es schon dunkel, oder jedenfalls kommt es mir so vor. In Maurizios Heft steht nichts weiter. Er könnte wirklich ganz nahe sein, wenige Schritte von mir entfernt, und es könnte ihm schlechtgehen. Aber das ist etwas, das ich nicht zu Ende denke. Oder besser, ich nehme es gedämpft, am Rande wahr: es ist, als höre man unter Wasser das Echo einer Schallwelle. Es gelingt mir nicht einmal, mich umzudrehen, um nachzusehen. Ich schließe halb die Augen und stelle mir vor, daß Maurizio stirbt, ohne etwas zu sagen oder um Hilfe rufen zu können. Ich sehe ihn am Rand meines Bewußtseins hin- und herschwanken und dann, in dieser Bewegung, mir irgendein Zeichen geben, eine Art halbes Lächeln, wie jemand, der sagt: »Du wirst sehen, es geht vorüber.« Jetzt erst scheint es mir, als ob ich zu Hause ankomme und entdecke, daß mein Bart langgewachsen ist, und als ob ich in der Luft den intensiven Geruch des Geschlossenen wahrnehme. Jetzt würde ich die Fenster öffnen, wie man es bei der Rückkehr von einer Reise tut, die länger als geplant gedauert hat, und würde putzen. Oder ich würde mich aufs Bett legen und so bleiben, um auszuruhen.

NATÜRLICHE UMGEBUNG

In diesem Sommer verwischten sich um sie herum Zeit und Raum. Eine langsame Auflösung ihrer Gedanken kündigte das Ereignis an. Die Worte, wenigstens schien es ihr so, verharrten plötzlich auf der Hälfte ihres Gesprochenseins, ihrer endgültigen Vollendung. Und dennoch, dachte sie, war es nicht ein ungewöhnliches und unwillkürliches Schweigen, das sich ihrer Zunge bemächtigt hatte; es war nichts Physiologisches, das sie daran hinderte, die Worte zu Ende zu sagen. Es ging um sehr viel mehr. Oder um weniger: Die Worte, die einen Augenblick lang im Raum aufgehalten wurden, hatten sich gewissermaßen zurückgezogen, in sich selbst verdunkelt in ihrem unbestimmten und undeutlichen Körper. Sie nahm den Lärm wahr, fing das unmerkliche Rauschen dieses unerwarteten Versinkens ein.

Einen Augenblick lang verlor sie die Kontrolle über ihre Hände; sie beschrieb in der Luft die Bewegung eines Körpers, der sich in den Schatten zurückzieht. Es schien ihr sogar, als könne sie ihn sehen, seine Umrisse und Wertigkeit beschreiben, die Geschichte und das Leben. Aber es war nicht ihr Körper, der sich in dieser dunklen Erscheinung abzeichnete; es war der Körper ihrer Mutter, ihre lächelnde Fruchtbarkeit.

Allmählich ließ die Unruhe nach. Der Tod kündigte

sich an wie eine dunkle Ferne, ein stiller Atemzug. Jetzt waren die Beine für immer vom Kopf getrennt, zusammengenommen in einer eigenständigen, unbestimmbaren Ruhe, und die Muskeln des ganzen Körpers fühlten sich an, als müßten sie zerfallen, sich auflösen zu einer rätselvollen Botschaft, die sich an den Kopf richten sollte. Myriam hatte gerade noch Zeit, sich an die Augen eines Mannes zu erinnern, den sie übrigens nur wenige Male getroffen hat, und hier verblaßte nun sein Körper, ließ nur seinen Umriß zurück.

Diese Erinnerung sammelte sich für unbestimmte Zeit um Myriams Körper, hüllte ihn in die Hitze des Andenkens ein, so, als hätte ein Teil des Gehirns der Frau eine unwiederbringliche Abspaltung erlitten, sich hinter seinem eigentlichen Funktionieren versteckt. Myriam trennte das Leben vom Tod durch eine einfache Erinnerung, eine Erschütterung des Geistes. Und die Zeit des Erinnerns dehnte sich in ihr aus, bis sie für einige Sekunden gewissermaßen ein zweites Leben wurde, sich als eine kleine, notwendige Ewigkeit niederschlug.

Es brauchte diese Zeit, um alles genau zu erklären.

Seit zwei Tagen wohne ich im Hotel Brighton. Die Leuchtschrift ist vertikal: weiß geht sie immer wieder an und aus, in Intervallen, die leicht dazu neigen, das Dunkel zu verlängern. Ich glaube, daß ich mich aus diesem Grund entschlossen habe, hierzubleiben. Diese Unsicherheit, dieses Zögern hat mich fasziniert. Als ich angekommen bin, habe ich ein Zimmer verlangt, das auf die

Hauptstraße hinausgeht. Die Frau am Empfang hat entgegnet: »Es ist lauter nach dieser Seite.« Ich habe nicht nachgegeben, habe erklärt, daß genau diese Straße mir gefalle, und daß mir daran gelegen sei, frühmorgens den Straßenbahnlärm zu hören, daß ich aus diesem Grund beschlossen hätte, ein Zimmer in diesem Hotel zu mieten. Sie hat mich stumpf, etwas vulgär angesehen und gesagt: »Nummer 6.«

Seit ich hier bin, habe ich eine ganze Flasche Wodka getrunken, drei Dosen Bier und eine Cola. Ich habe das Leergut genommen und in eine Reihe auf die Fensterbank gestellt. Abends, wenn ich mich aufs Bett lege und die Fensterläden halb offen sind, dringt das Licht ungleichmäßig ins Zimmer, die Schatten der leeren Flasche und der Dosen werfen eine sonderbare Zeichnung auf die gegenüberliegende Wand. Sie sehen aus wie ein kleines Publikum aus Köpfen, die mich beobachten, mir Gesellschaft leisten. Im Zimmer herrscht eine hohe Luftfeuchtigkeit. Von der Heizung ganz zu schweigen. Morgens erwache ich wie erstarrt; die Nacht hinterläßt deutliche Spuren auf jedem Ding.

Gestern habe ich fast zwei Stunden damit vertan, eine Ecke der Zimmerdecke zu untersuchen. Ich habe sie lange betrachtet, überrascht und beeindruckt von ihrer Beschaffenheit. Genau in der Ecke gegenüber des Betts sind Flecken von Nässe und wahrscheinlich von Rauch. Ich habe mir vorgestellt, daß ich ihre Sprache entschlüsseln, entdecken könnte. Ich machte mir einige Aufzeichnungen, und es war, als könnte ich hier und dort ein »j« und ein »tz« sehen. Ich nahm es als Aufforderung:

»Jetzt.« Ich öffnete die Tür. Wie von selbst bin ich hinausgegangen.

Ich habe einen Fernseher gekauft, ihn am Fußende des Bettes aufgestellt. Die Frau am Empfang hat mich mit dem Karton kommen sehen. Sie hat mich gerufen und gefragt: »Was ist da drin?« Ich habe gesagt: »Nichts von Bedeutung, nur ein kleiner Farbfernseher.« Sie schien plötzlich beunruhigt, traurig. Sie sagte irgend etwas über den Stromverbrauch.

Nachdem der Apparat aufgestellt war, machte ich eine Runde durch die Kanäle. Jetzt laufen die Bilder tonlos über den Schirm. Ich bin fast glücklich. Ich habe den Hörer abgenommen, deine Nummer gewählt und gesagt: »Hallo?« »Hallo.« »Ciao.« »Wer ist dran?« »Ich bin's.« »Du? Wo bist du?« »Hier.« »Hier? Seit wann?« »Ich weiß es nicht. Ich weiß es nicht. Ciao.« Du hast gebrüllt: »Was heißt hier Ciao? Wir müssen uns sehen!« »Ich weiß es nicht.«

Ich habe aufgelegt, habe geweint. Der einzige Gedanke, den ich ertragen konnte, war ein langgezogenes »Ich weiß es nicht«, mit tausend Echos, die sich in meinem Innern vervielfachten. Dann habe ich laut und ruhig gesagt: »Ich liebe dich.«

Die Erinnerungen beherrschten mich plötzlich. Sie sammelten sich vor meinen Augen wie eine Erscheinung, wie ein Trugbild. Lange habe ich diese Bilder behalten: Sie waren plötzlich greifbare, feste Objekte. Jetzt überlege ich, warum ich hierher zurückgekehrt bin, warum ich diese Reise unternommen habe.

In den Tagen vor meiner Abreise hatte London einen gemäßigten Rhythmus. Vom Fenster betrachtete ich ganze Nachmittage lang verzaubert den Garten unserer Nachbarn. Vollkommen, geometrisch, hat dieses Stück Erde etwas Ordinäres, das mich fasziniert. Dort gibt es Stühle und kleine Liegen, die sternförmig um einen weißen großen Sonnenschirm stehen. Die schwarzweißen Fliesen ringsherum lassen nur allzu offensichtlich an ein Schachbrett denken. Hausbesitzer, Männer und Frauen, verabreden sich stillschweigend jeden Tag, um den eigenen Stolz und die eigene Ohnmacht, die im endlosen Rhythmus ihrer häuslichen Existenz liegt, in einer absurden, beschämenden Partie zu messen. Die übrige Stadt hatte mich immer weniger interessiert: eine alte Bekannte, die man nicht mehr sehen muß, so gewiß ist man sich ihres Aussehens, ihrer schon versteinerten Züge.

Ganze Tage habe ich geschwiegen. Die Stille verhalf mir zu einem maßvollen, dauerhaften Hochgefühl. Ich dachte über jedes Wort nach wie über ein grundlegendes Problem, über eine ewig ungelöste Frage. In meinem Innern breitete sich allmählich der Wunsch aus, abzureisen, hierher zurückzukehren.

Die Entscheidung hat sich durch die Vorstellung eines Fotos angekündigt. Die Wohnung war voller Geräusche in diesem Augenblick. Meine Schwester redete am Telefon in einer Sprache, deren Sinn ich nicht verstand. Es war deutsch. Der Klang ihrer Sätze durchpflügte das Zimmer wie eine gedrängte Masse, rückte zu mir vor mit der Stoßkraft eines bewaffneten Heers, und diese Waffen legte sie mir zu Füßen, nackt, bloß, primitiv. Ich dachte, daß ich diese Worte sammeln, sie in eine Hülle stecken, sie mit mir herumtragen, von ihnen schließlich ein Erinnerungsfoto machen könnte, das wenigstens den Ursprung, die primäre Einsamkeit, die losgelöste Eigenschaft des Vorgangs abbildete.

Einige Wochen lang konzentrierte sich mein ganzer Körper auf diese Vorstellung. Ich war wie verwandelt, wie in einem einzigen großen Auge geborgen: mein Apparat, durch den ich alles überraschen und mir aneignen konnte. Ich erstellte ein Inventar der ganzen Wohnung, nahm in diesen Katalog meine Schwester und mich auf und nahm die wenigen Fotos dazu, die ich zufällig in den Schubfächern fand.

Es waren ermüdende Tage, überladen mit den verschiedenen Ritualen, die jedes einzelne Bild mir aufbürdete. Ich entdeckte eine fieberhafte Anziehung für die einfacheren, elementareren Dinge. Zum Beispiel für eine Schere oder einen Hammer, in deren materiellem Kern von jeher sowohl die Beschaffenheit meiner Haut als auch die Berührung unzähliger Hände lag, die sie früher oder später ergriffen, sie ihrer Regungslosigkeit entrissen und zu gewöhnlichen Utensilien herabgewürdigt hatten. Schwierigkeiten machte mir das Fotografieren der wenigen Adjektive, die in der Wohnung ruhten. Ich wählte das reine Licht oder das völlige Dunkel, je nach dem Wert, den ich jedem einzelnen von ihnen beimaß.

Blieb mein Name, Myriam. Ich legte mich nackt in den Garten. Es war gerade zwei Uhr vorbei, glaube ich. Ich zündete eine Zigarette an und inhalierte tief vor der Kamera.

Jetzt habe ich immer dieses Foto bei mir, betrachte es hin und wieder. Meine Augen und die Lippen sind wie verschwommen, vom Rauch der Zigarette ausgelöscht. Der Körper ruht und zittert leicht, aber er ist weit von mir entfernt, weiß wie eine Wolke.

Dieses war das letzte Foto. Seitdem habe ich keine mehr aufgenommen, auch wenn ich den Apparat bei mir hatte: jetzt nur mehr eine Trophäe, seinerseits Foto geworden oder Erinnerung. Und eine Erinnerung war bis vor einigen Tagen auch diese Umgebung, dieses Stück Stadt, das ich nie geliebt habe.

Abgesehen von der Vorstellung eines Fotos und seiner Verknüpfung mit dem Begriff der Erinnerung weiß ich nicht, warum ich zurückgekehrt bin, ob aus reiner und abstrakt geographischer Erkundung oder aus dem Wissen, daß ich hier wieder jemand lieben würde. Und das Telefongespräch von gestern ist hierfür ein noch undeutliches Anzeichen, das erste Entstehen eines selbständigen Körpers, parallel zu meiner biologischen Substanz. Als ob ich, die ich andere Leben nicht gebären kann, mich jetzt auf meine Verdoppelung, auf die Hervorbringung meiner selbst, oder vielleicht meiner Krankheit, einließe.

Ich entschied mich, das Zimmer zu verlassen, den schwierigsten Teil der Reise anzutreten: genau an den Ort zurückzukehren, wo sich vor vielen Jahren die Dinge zugetragen haben. Und doch sollte und könnte ich nicht von wahren und wirklichen Ereignissen sprechen. Nichts Genaues, Greifbares, nichts, das eine Erzählung verdiente, geschah in diesen Tagen. Es war vielmehr eine Spur, ein Fragment von Geschichten, ein Zusammenfluß von kleinen und unbedeutenden Begebenheiten, die andere als Verkettung gesehen oder benutzt hätten.

Die wenigen Gesten, die Blicke, eine gewisse Unschlüssigkeit der Schritte, die Luft und der Einfall des Lichts, die maßvolle Geschwindigkeit meines Ritmo – all das hatte für mich einen Wert, den ich nicht mit Sicherheit bestimmen konnte. Diese kargen Reste von wer weiß welchen anderen Erzählungen sind meinem Innern entströmt mit der erstaunlichen Gewalt einer denkwürdigen Begebenheit.

Die Straße hat sich verändert, aber nur geringfügig. Was sich gewandelt hat, entgeht mir, vielleicht einfach die Tatsache, daß so viel Zeit vergangen oder daß das Licht nicht mehr dasselbe ist. Jetzt bin ich in der Lage, dieses Stück Stadt mit ein klein wenig Unsicherheit zu betrachten: Ich betrachte das Bild einer Straße, nicht ihre Wirklichkeit, und mehr noch als das Bild das Scheinbild, die Inszenierung. Einen Augenblick lang wage ich sogar, mir auszudenken, daß jemand sich die Mühe gemacht hat, genau jetzt all das zu inszenieren, was ich soeben beobachte. Eine mittelmäßige Vorstellung, ich weiß, aber sie beruhigt mich, bekräftigt meinen Status als Besucher. Also kann ich mich selbst betrachten als ruhige englische Dame auf Reisen in einem fremden Land, die, unwillkürlich bezaubert von einer undeutlichen, aber sehr romantischen Erinnerung, für einen Tag die Gruppe verlassen hat, um durch die Orte zu streifen, wo sie vor langer Zeit eine flüchtige, aber unvergeßliche Begegnung hatte: eine kleine Abweichung vom festgelegten Reiseplan der Gruppe, eine einsame Rast also, alles in allem unschuldig.

Ich laufe an der Kante des Bürgersteigs entlang. Schritt für Schritt gelange ich an die Stelle, wo ich dich zum ersten- oder zum zweitenmal sah, ich weiß es nicht mehr. Ich bleibe stehen: ich versuche, mich an dich zu erinnern, in der Luft dieses gleichgültigen Nachmittags die Reste von dem wiederzufinden, was deine Bewegungen, dein Atmen, dein trostloses Schweigen ausmachte.

Ich weiß, daß ich dich nur einen Augenblick lang angesehen habe, dich belauert habe, wie man ein anderes Ich, einen abstrakten Doppelgänger belauert. Du warst verlegen, fühltest dich unbehaglich wie jemand, der gerade eine Unvorsichtigkeit begeht. Vom mutmaßlichen Urteil eines Publikums eingeschüchtert, das dich in Wirklichkeit gar nicht beachtete, warst du wie verzaubert von der Vorstellung, dich zu entblößen, deine symbolische, elende Nacktheit auszustellen. Du warst in diesem Augenblick ein verwundetes Tier, schamhaft wie ein Kind, gebändigt von deiner Schamlosigkeit.

Ich überquere die Straße, betrete die Bar, verlange

einen Kaffee. Hier war ich noch nie. Ich nehme in dem kleinen Raum drinnen Platz. Ich bin allein, kein Geräusch, alles sehr reinlich, mit Spuren einer bereits behobenen Unordnung, einer Unordnung, die Jahre zurückliegt. Ich würde gerne den Jungen, der mir den Kaffee bringt, fragen, was aus den Menschen geworden ist, die an diesem Tag hier waren, was sie treiben, wo sie leben. Ich würde mich nach ihren Gefühlen, nach ihren Krankheiten, nach jeder vollendeten Geste erkundigen, die zwischen diesem Augenblick und heute liegt. Ich würde vorsichtige Fragen stellen, einfache Anregungen und aufrichtige Ratschläge geben: dadurch wäre ich in der Lage, meine bescheidene Anerkennung darzubringen.

Natürlich frage ich nichts. Ich sage nur: »Danke.« Ich würde ihn aber gerne fragen, wie er heißt. Er sieht mich an, sagt nichts, kehrt an seinen Platz hinter der Theke zurück. Eine Sekunde lang hatte ich den Eindruck, daß er etwas von mir erwartete, daß er etwas andeuten wollte. Hin und wieder betrachtet er mich verstohlen, blinzelt, nickt einem anderen kaffeetrinkenden Jungen zu, und in seinen Augen liegt ein Glanz, den ich nicht erklären kann, ein Hinweis, den ich nicht deuten kann, etwas zugleich Natürliches und Abweichendes.

Unversehens fühle ich mich von der Offensichtlichkeit der Situation gefangen: eine einsame Fremde, zwar leicht verblüht, aber nach einigen Blicken leicht zugänglich. Und sie läßt sich darauf ein, das ist selbstverständlich, »natürlich«. Ich bin von dieser unvorhergesehenen Vereinfachung angezogen: Inmitten einer etwas sonderbaren Erkundung meiner selbst bin ich auf einmal zum reinen Objekt oder Subjekt der Begierde reduziert. Eine banale Begierde, käuflich, verfügbar unter dem Plunder von Souvenirs, Grußpostkarten und verschiedenen, aber ebenso kitschigen Dingen.

Ich nehme mir Zeit, überlege. Jetzt scheint mir sogar der Ort, wenn auch unmerklich, auf die Art der Begegnung vorbereitet, die die beiden Jungen sich gerade vorstellen. Einer von ihnen, der Kaffeetrinker, kommt näher. Er sagt: »Meine Dame, wollen Sie etwas?« Die Frage ist einfach, armselig, auch zu offensichtlich.

Ich bin verlegen, verwirrt, tue so, als ob ich ihn nicht verstanden hätte. Die beiden sehen sich an, derjenige, der vor mir steht, zieht die Hosen hoch und tut so, als wolle er sich kurz zwischen den Beinen kratzen: so etwas wie ein Zeichen der Verführung, unbewußt, kodiert, bereits sinnlos. Ich stehe auf, starre ihn an: er ist wunderschön, sieht jünger als achtzehn Jahre aus, die schlechtsitzenden Klamotten verstecken kaum die Anmut, die sein Körper schon immer ausstrahlte. Ich gehe näher, streichle sein Gesicht mit einer zurückhaltenden und zärtlichen Geste, eine Bewegung, die seit sehr langer Zeit in meiner Hand ruhte, undenklich, eine mütterliche Geste, unschuldig, vor allem an mich selbst gerichtet, vielleicht an meinen einzigen, nie empfangenen Sohn. Dann sage ich zu ihm: »Sieh dich vor«, und gehe.

Ich habe einige Tage lang über dieses »Sieh dich vor« nachgedacht, unentschieden, ob ich es als Unbesonnenheit oder als mehr, vielleicht als das Bedürfnis ansehen sollte, etwas Zärtlichkeit zu verströmen, zu verschwenden, mild über dem erstbesten auszubreiten. Oder anders: nicht der nie eingelöste Wunsch nach Mutterschaft, sondern etwas Einfacheres, Reineres.

Dieser Junge ist mir vor Augen geblieben, ist eine Art Reisegefährte geworden, wirklich und gegenwärtig. So habe ich allmählich meine Neugier auf dich verloren. Einen Augenblick, und du bist verschwunden, verschluckt von der dunklen Sphäre der Erinnerung, sogar verwechselt mit dem Jungen, den du mit soviel Grausamkeit gegen dich und gegen ihn selbst verfolgtest.

Nur einen Moment lang habe ich dich dort wiedergesehen, zusammengekauert, verloren. Während ich versuchte, dich aufzuhalten, dich zurückzurufen, um meine Reise zu begründen, und mit der Reise den Anruf von neulich und mich selbst, bist du verschwunden, hast dich aufgelöst in eine Zeitebene, die mir immer unbekannt sein wird.

Die Umrisse dieser Stadt haben sich in meinen Augen widergespiegelt wie ein einziges, grandioses, unscharfes Foto, auf dem ein anderes, jüngeres Ich, dessen Körper noch von der Krankheit verschont ist, umhergeht und flüchtige Gesten vollführt, Namen ausspricht, diesen erratischen Augenblick unserer ersten Begegnung einnimmt oder vielleicht der zweiten, wer weiß das noch…

Meine Liebe zu dir, stumm, schüchtern wie der Kuß, den du beobachtet hast, hat sich unversehens wieder verschlossen wie eine Muschelschale, urzeitliche Prägung unseres zufälligen Treffens.

Die Tage sind schnell vergangen. Ich habe einige Einkäufe gemacht und das Hotel gewechselt und dabei der Besitzerin den kleinen Fernseher überlassen, den ich mir angeschafft hatte. Als ich ihr erklärte, daß ich ihn ihr schenken wollte, hat sie überlegt, dann zog sie ein englisches Taschenwörterbuch heraus und buchstabierte: »Tank-you-very-match-farewell«, und dabei hat sie jedes Wort ausgesprochen, als wollte sie es mit ihrer Stimme unterstreichen. Ich habe meine große Reisetasche geöffnet, habe den Fotoapparat genommen. Sie hat sofort begriffen und sich vor der Eingangstür des Hotels in Pose gestellt. Jetzt zeigt ihr Foto ein stummes Lächeln, das um ihr Gesicht streicht, ohne sich niederzulegen, und ein Blumenkleid, das ihr etwas zu groß ist. Sie ist nicht schön, aber darin ist sie wunderschön.

Myriam wurde tot von der Schwester aufgefunden. Der Körper war wie in einen unfaßlichen Gedanken versunken, der ein Tal von gemäßigter Heiterkeit zwischen Augen, Hände und Glieder gegraben hatte, ein zartes Verlassensein, das die Schwester mit einem vorübergehenden Verweilen, einem kurzen Schlaf verwechselte.

Sie berührte die ein wenig verschwitzte Stirn, noch feucht von einer vor kurzem erduldeten Anstrengung. Sie betrachtete sie lange und entdeckte in ihren endlich entspannten Zügen die dunkle Spur ihrer einzigen Herkunft, ihres gewissermaßen zwillingshaften Schicksals. Ihre Gedanken gingen in die Jahre der Kindheit zurück, in diese Regionen der Verwirrung und des unschuldigen

Glücks, die vergehen wie ein sonderbarer, anhaltender Schlaf.

Dann entdeckte sie fast zufällig, daß Myriam tot war. Sie war nicht überrascht. Früher oder später wäre der Tumor, der sie in den letzten Monaten gequält hatte, sie stillschweigend verändert, ihre Zellen in eine neue, unentschlüsselbare Ordnung überführt hatte, in ihrem ganzen Körper ausgebrochen, um sie vollständig einzunehmen und in seinen Besitz zu bringen.

Myriam lag auf einem Sofa. Der Garten ringsherum war lau wie ein Laken, als hätte er bereits ihre versunkene Einsamkeit angenommen. Sie näherte sich der Schwester, umfaßte ihren Körper sanft wie ein gerade geborenes Kind und nahm seine ganze feine Zerbrechlichkeit wahr. Sie fühlte, daß sich Myriam, bevor sie starb, in einem Zwischenreich aus Licht und Finsternis aufgehalten hatte, wo ihr Körper wie in der Schwebe, weder lebendig noch tot, war, wie um etwas zu suchen und den Sinn mitzuteilen. Einen Sinn, den Myriam nur sich selbst sagen konnte. Sehr lange würde die Frau sich fragen, welche Gedanken in dieser äußersten Aufhebung Myriams Erinnerung durchlaufen hatten.

FERNSEHEN

Zum Glück haben wir unterschiedliche Geschmäcker, du und ich. Mir gefallen die großen Typen, leidend und ein bißchen feminin. Du dagegen bevorzugst mehr die echten Südländer mit breiten Schultern und so weiter. Der Vergleich endet in der Regel mit dem zwischen deinem Ex-Mann und meinem Ex ganz allgemein. Null zu null: kein Streit. Diese Gespräche führen wir meistens vor dem laufenden Fernseher, er ist unser Medium für Nachrichten, Informationen, Gefühle. Ich spreche, während ich auf den Bildschirm sehe, und du antwortest mir, ohne die Augen von dort abzuwenden. Nur wenn sie irgendeinen alten Film, etwa eine amerikanische Filmkomödie aus den Fünfzigern, zeigen, sprechen wir nicht. Zwischen zwei Werbespots stehst du auf und fragst: »Willst du etwas zu trinken?«, wartest aber die Antwort nicht ab und holst nur etwas für dich selbst. Dann sage ich, um dich zu ärgern, daß ich gerne den Kanal wechseln würde, weil dort ein Fernsehfilm läuft, der mich interessiert. Du verstehst, gehst in die Küche zurück und bringst mir irgend etwas: meistens einen Tee, nur um mich nicht den Sieg davontragen zu lassen. Ich bin zornig, lasse mich dann aber doch ablenken: Der Film gefällt uns wirklich besonders gut. Am Schluß sagst du: »Los, sei nicht blöd: in die Heia.« Ich mache dich darauf aufmerksam, daß du, wenn du mit mir sprichst, niemals »Idiot« oder »Kretin« sagst, sondern immer nur »Dummerchen«, »Blödchen« und ähnliches. Hast du Angst davor, mich männlich zu deklinieren? Ist das der Grund dafür, daß du neutrale, geschlechtslose Adjektive wählst? Du schüttelst den Kopf: »Bestie«, sagst du und schaltest den Fernseher im Schlafzimmer ein. Dieser Apparat hat keine Fernbedienung, weshalb ich ihn nicht besonders mag: weil ich es bin, der dann aufstehen und ihn abstellen muß. Andererseits gefällt es mir, dich, bevor du einschläfst, in meinem linken Arm zu spüren. Dann lehnst du deinen Kopf vorsichtig an mich, die Haare zusammengefaßt, sinkst du nach und nach in den Schlaf, und ich sehe dein Profil im Halbschatten, spüre deinen immer schwerer werdenden Atem. Im Bett bleibst du unbeweglich, nahezu unverändert. Ich betrachte dich wie eine Landkarte, suche auf deinem Gesicht, in den Falten deiner Haut und zwischen den Furchen deiner Stirn, die Zeichen meiner Liebe für dich. Ich suche so, als ob ich an irgendeiner Stelle eine Farbe, ein schlichtes Zeichen finden könnte, das mir sagt: »Hier ist die verbotene Stadt unserer Beziehung«, oder: »Dort fließt der Strom, der so groß und so weit ist wie deine Zärtlichkeit.« Ich liebe es, die Karte deines Körpers zu erforschen, ich fühle mich dabei wie ein etwas sonderlicher Wissenschaftler, der im Begriff ist, ein absurdes Experiment einzuleiten. Oder ich stelle mir vor, der Pilot einer alten Boeing zu sein, der nach einem ruhigen Gefilde Ausschau hält, um eine Notlandung zu versuchen. Ja, denn dein Körper hat keine beleuchteten

Pisten, keine weiß markierten Linien, keine orangefarbenen Fähnchen: er ist eine schweigende Lichtung des Schlafs.

Es ist schon eine ganze Zeit her, seit wir das letzte Mal ausgegangen sind. Du sagst, es sei langweilig, in den Häusern von Freunden zu Abendessen, Festen und Cocktails umherzuziehen, weil man dort immer von denselben Dingen spricht und niemand niemandem zuhört. Irgendeiner redet von Krankheiten, von Blutanalysen, von Vorsorgetests; ein anderer erzählt, daß er eine neue Wohnung gefunden hat, die wohl ein bißchen teuer, dafür aber geräumig, zentral gelegen und mit einer bemerkenswerten Terrasse ausgestattet sei. Man schwatzt auch über die Arbeit: Alle sind in schöpferischen, freien, in der Regel künstlerischen Berufen tätig, oder sie beschäftigen sich mit Massenkommunikation oder Marktanalysen. Die Klempner, die Mechaniker, die Postboten scheinen vom Erdboden verschwunden zu sein. In solchen Fällen sagst du dann provozierend: »Ich wäre gerne Schneiderin oder Wäscherin.« Aber die Betonung legst du auf die Wäscherin, denn wenn nicht, würdest du Gefahr laufen, mißverstanden zu werden: Irgend jemand könnte auf die Idee kommen, daß du Modeschöpferin werden wolltest. Von mir sagst du, daß, als wir einander kennenlernten, ich dir deshalb gefiel, weil ich aussah wie einer, der auf dem Katasteramt arbeitet, ein ziemlich eindeutiger Typ.

Aber inzwischen haben wir aufgehört, selbst diese

kleinen Spiele zu spielen: Das Risiko, einen unnötigen Snobismus vorzuführen, der irgendeinen Nachahmer finden könnte, ist zu groß. Deshalb tue ich so, als ob ich mich mit dir beriete, wenn das Telefon mir irgendeine auch nur entfernt mondän klingende Einladung übermittelt, und sage dann: »Es tut mir leid, aber wir haben bereits etwas anderes vor.«

Du machst es genauso, und so sind es jetzt sechs Monate, seit wir die Nase nicht mehr vor die Türe gesteckt haben. Mit der Zeit haben die Anrufe nachgelassen, und jetzt sind wir an dem Punkt, wo wir endgültig vergessen worden sind. Die anderen werden von uns sagen: »Ah, die beiden, ja, die sind ein sehr, sehr verschlossenes Paar«, und immer wird es denjenigen geben, der noch drauflegt: »Verschlossen? Verriegelt würde ich sagen«, und ein anderer: »Sie führen sich auf wie Bruder und Schwester.« Wenn wir an all diesen Klatsch auf unsere Kosten denken, kichern wir, genau wie Bruder und Schwester. Du sagst: »Heute abend sehen wir uns ein Science-fiction-Filmchen an«, dann gehst du nach nebenan, um dich umzuziehen. Erst nimmst du eine Dusche, und ich sage, daß ihr Ausländer darauf fixiert seid, euch zu waschen, und daß mir euer Moralismus überhaupt nicht gefällt. Du hörst mir nicht zu, sagst nur: »Was für ein Blödsinn«, und kommst dann aus dem Zimmer in einem schwarzen, langen Kleid, das dir besonders gut steht. Auch ich ziehe mich um; ich schlüpfe in mein Lieblingsnachthemd, das mit den roten Punkten, und fühle mich, weiß aber nicht so recht, warum, wie ein Schulbub.

Den Film genießen wir ausgestreckt auf dem Sofa, manchmal streicheln wir uns wie zwei Heranwachsende, rauchen unausgesetzt, und es endet damit, daß wir uns vor dem laufenden Fernsehapparat lieben und dabei wie die Verrückten lachen, wenn ein Satz genau im richtigen Augenblick fällt, zum Beispiel: »Jetzt lehn' dich zurück«, oder sogar: »Ich habe dich von Anfang an geliebt.« In gewissem Sinn glauben wir, daß der Fernseher für uns spricht, indem er uns ein fertiges Drehbuch liefert, das wir in der ersten Person zu spielen uns vielleicht schämen würden. Die Schmerzen kommen, wenn wir Sätze hören wie: »Verlaß mich nicht, ich bitte dich.« Dann überkommt mich die Lust, das Haus zu verlassen, um ein paar Schritte alleine zu gehen. Aus dem Fernseher würde ich auch gerne den Satz hören: »Kann passieren.«

Die Einkäufe besorgen wir abends, kurz bevor die Läden schließen. Wir müssen uns beeilen und versuchen, so wenig wie möglich auszugeben, denn das Geld beginnt, knapp zu werden. Wir haben schon überlegt, ein Zimmer zu vermieten, das Haus ist groß genug, auch für drei Personen. Lange haben wir darüber gesprochen: Ich hätte gerne einen Jungen, einen süßen, höflichen Studenten, mit dem ich es hin und wieder unter deinen Augen versuchen könnte. Du dagegen zögest einen Amerikaner um die Dreißig vor, einen Musterangestellten, und erklärst: »Wir würden uns auf englisch unterhalten, und du verstündest keinen Ton.« Für den

Moment also verzichten wir auf einen Untermieter; vielleicht ist es, alles in allem, besser so.

Über uns, über unsere Vergangenheiten, haben wir uns nur das Notwendigste erzählt. Ich glaube, um die Dinge nicht zu komplizieren, und auch, weil ich manchmal ungeheuer sentimental werden kann und allein schon die Erinnerung an Windpocken mich aufs tiefste bewegt. Nur ein einziges Mal hast du mir von deiner Familie erzählt, von dem Haus, in dem du geboren wurdest, vom Garten der Nachbarn, den du vom Fenster deines Zimmers so gerne betrachtet hast. Du hast mir auch erzählt, wie du in der Mittelschule einmal ein Rennen gewonnen hast. Es war eine etwas wunderliche Angelegenheit, weil du niemals zuvor Sport betrieben hast, aber deine Lehrerin hatte dich ermuntert, es zu versuchen, und du, dich windend und abmühend, dünn wie ein Nagel, hast angefangen zu laufen wie ein Hase und hast gewonnen, nur um ihr einen Gefallen zu tun. Ohne dich umzublicken oder zur Seite zu schauen, um zu sehen, ob die anderen dich überholen, bist du einfach geradeaus gelaufen, schnell wie eine Rakete, und hast so gewonnen. Deine Mutter brachtest du damit ins Staunen. Seit damals hast du an keinem weiteren Sportwettkampf mehr teilnehmen wollen, aus Angst, dein Sieg könnte in Zweifel gezogen werden.

Neulich hast du eine Reihe Fotos von mir gemacht und gesagt, daß wir sie benötigen, wenn wir uns verlassen. Das hat mich, zugegebenermaßen, getroffen, es erschien mir als ein schlechtes Zeichen, ich befürchtete, daß du bereits die Absicht hattest, mich sitzenzulassen. Aber ich habe mich nicht lange gewehrt und mir gesagt, daß es auf jeden Fall das beste wäre, es geschehen zu lassen. Jetzt sehen wir uns die Bilder an und kommentieren sie: Mir kommt es vor, als ob mein Gesicht auf dem Glanzpapier im Rest des Körpers versinkt oder für sich alleine umherschwimmt, wie abgetrennt, mit einer vom Körper losgelösten, eigenständigen Existenz. Das fällt vor allem bei den Fotografien auf, auf denen ich im Bett liege und über die du folgendes gesagt hast: »Dein Kopf sieht aus wie der Bug eines Schiffes.« Ich glaube, daß du davon ausgingst, daß der Schiffsrumpf bereits ganz unter Wasser sei. Dann gibt es noch ein Bild, auf dem mein Profil wie ein Gipskopf aussieht, wie eine Art große Totenmaske.

Ich möchte dich nicht fotografieren: mir ist das eine zu alberne Form, die Erinnerung daran wachzuhalten, daß wir einander, früher oder später, verlassen werden. Es ist unnütz und auch kindisch, sich bei bester Gesundheit kurieren zu wollen. Und schließlich denke ich, daß es wohl kaum eintreten wird. Du sagst: »Ich weiß, aber einer von uns oder wir beide könnten sterben.« Ich gebe zu bedenken, daß, wenn wir gleichzeitig sterben, diese Fotos niemanden interessieren. Du antwortest: »Wer weiß das schon.«

Während wir sprechen, ruft meine Schwester an. Emilia ist ein wenig erstaunt darüber, daß ich mit einer Frau zusammenlebe; sie fragt mich bösartig, ob ich zufällig ein »Konvertit« sei. Ich glaube, sie ist auf dich eifersüchtig, wie alle Mütter auf andere Frauen. Und sie besteht hartnäckig darauf, mich noch immer als ihr Söhnchen zu betrachten. Sie sagt: »Kann man erfahren, warum du aus der zivilisierten Welt verschwunden bist?« Ich weise sie darauf hin, daß sie mir indirekt vorwirft, gegen die Sitten zu verstoßen. Sie reiht irgendwelche Schimpfwörter aneinander, verhöhnt mich kräftig und legt auf. Ich würde ihr gerne eine Menge Sachen erzählen, aber sie läßt mir nie die Zeit dazu: Wenn du es am wenigsten erwartest, hat sie schon aufgelegt, und ich sage ins Telefon: »Hallo, hallo... was für eine gemeine Person.« Ich habe nicht einmal Zeit, sie zu fragen, wie es ihren beiden Kindern geht, denen, die wirklich die ihren sind.

Ins Kino gehen wir nur in die erste Vorstellung, uns dabei mit einem Publikum vermischend, das sich gänzlich von dem unterscheidet, mit dem wir sonst verkehrten. Dort sind vor allem Mädchen um die Vierzehn und mittelalte Frauen. Sehr oft bin ich der einzige Mann im Saal und erzähle dir dann, daß ich mir vorkomme, als sei ich in eine bizarre, laue Dunkelheit getunkt, die etwas Milchiges und Mütterliches hat.

Im Kino ist es anders als vor dem Fernseher. Dort sind wir ernsthaft still, und im Grunde berührt uns das, was auf der Leinwand geschieht, nicht besonders: Wir sind zwei unbeteiligte Beobachter, die regungslos in der Haltung eines Spions verharren und diese vergängliche Kunst mit der gebotenen Ernsthaftigkeit ausüben. Am Ausgang sagen und kommentieren wir nichts, erinnern nicht einmal das, was wir zuvor gesehen haben. Das Kino stellt für uns eine Art Pause dar, eine vorübergehende Lähmung unseres gemeinsamen Körpers: Für einige Stunden sind wir wieder zwei getrennte körperliche Wesen, die im Halbschatten voneinander unterscheidbar sind. Draußen kehren wir, wie befreit, in unsere Beziehung zurück. Und hier verwirren wir einander erneut, du und ich.

Neulich abend regnete es, und du hast vorgeschlagen, einen Bus nach Hause zu nehmen. Ich hätte es vorgezogen, trotzdem zu Fuß zu gehen. Im 56er waren zu viele Leute, denen es anscheinend gefiel, sich anzurempeln, sich zu berühren. Ich habe dich aus den Augen verloren: Die Brillengläser beschlugen, und mir kam es vor, als ob all diese Menschen sich unserer Begegnung widersetzten. Neben mir, in der Höhe meines Gesichts, am Metallgriff, hielt sich die Hand eines hochgewachsenen Jungen fest, der mich an irgend jemanden erinnerte. Ich hatte den verzehrenden und törichten Wunsch, diese Hand zu küssen; es war mir wie eine natürliche und völlig selbstverständliche Geste; ich weiß nicht, warum. In diesem Augenblick sah ich dich inmitten einer Menschengruppe im vorderen Teil des Busses. Auch du sahst mich in genau diesem Augenblick an. Ich fühlte, daß wir zwei beliebige Fremde, zwei Unbekannte waren, wie beim erstenmal. Deshalb bin ich ausgestiegen. Zu Hause habe ich dich unten erwartet: ich weinte. Du hast nichts gesagt, bist hinaufgegangen, hast den Fernseher angestellt.

Nach der Begebenheit im Autobus ist etwas zerrissen. Wir sprechen kaum miteinander; du scheinst in die Erledigung der häuslichen Abläufe versunken, in Flugbahnen, die nicht mit meinen Schritten zusammentreffen. Zu Hause gelingt es uns sogar, einander nicht zu begegnen. Wenn ich in der Küche bin, richtest du es so ein, daß du dich für eine weitere Dusche im Bad einschließt. Wenn ich hingegen in einem Zimmer lese, hältst du dich in einem anderen Raum auf, um eine Platte anzuhören.

Die Zeit will nie vergehen, die Tage sind länger als gewöhnlich, und nachts schlafen wir Seite an Seite, sorgsam darauf bedacht, einander nicht zu berühren, uns nicht zu stören. Ich frage dich, was denn los sei, du lächelst, antwortest aber nicht. Heute habe ich gehört, daß du am Telefon über mich geredet hast, wer weiß mit wem. Du sagtest: »Ich weiß nicht, ich möchte nicht grausam sein, ich glaube, er ist besonders schwach.« Dann hast du etwas über eine mögliche Reise hinzugefügt, eine Abfahrt oder ähnliches. Hast gesagt: »Er braucht... etwas... irgend etwas, das ich nicht bin... was ich nicht habe.«

Ich tat so, als wäre nichts passiert, habe versucht, das Band dieser Unterhaltung zu löschen. Ich bin nicht einmal neugierig zu erfahren, mit wem du gesprochen, wem du von mir erzählt hast. Ich bin aus dem Haus und zu unserem Arzt gegangen, überzeugt, daß es mir nicht gutginge. Ich mußte mich auf einer Liege ausstrecken, er hat meine Atmung überprüft und in Abständen gesagt: »Tief durchatmen.« Dann hat er den Blutdruck gemessen und bemerkt, daß er ein wenig hoch sei, daß ich aufpassen solle. Ich stellte mir etwas vor, das in meinem Körper anschwoll und die Wände zerdrückte, was nicht wirklich einen präzisen Schmerz verursachte, der mitteilbar gewesen wäre, sondern vielmehr ein stummes Pochen, das immer heftiger wird, das letztlich die Hülle zum Bersten brächte...

Seltsam beruhigt bin ich nach Hause zurückgekommen. Du sitzt vor dem Fernseher, wirfst mir einen traurigen, stummen Blick zu. Ich streiche dir übers Haar, würde gerne mit dir schlafen, ohne Erklärungen abzugeben. Aus dem Fernseher hört man Sätze wie: »Sehen wir uns wieder?«, oder: »Es hätte geschehen können.«

Die Wohnung erscheint mir jetzt als ein verdorbener geometrischer Raum, leer und unbewohnbar. Du und ich, wir sind nach und nach die Projektion des anderen geworden. Die Wirklichkeit kauert hinter der Türe, schon entfernt, außerhalb von uns. Ich versuche, mit dir zu scherzen, probiere irgendeinen vertrauten Spaß. Ich sage: »Ist es denn möglich, daß wir nur den Fernseher sprechen lassen? Haben wir einander nichts mehr zu sagen?« Du siehst mich nicht an, starrst weiter auf den Bildschirm, als sei er eine Kristallkugel, in der früher oder später immer präzisere, klarere Botschaften sichtbar würden, die unsere Existenzen dechiffrierten. Jeder meiner Versuche, dich zu zerstreuen, scheitert kläglich, alles scheint umsonst.

Wir rauchen eine Zigarette nach der anderen, das Schweigen ist wie eine biologische Verlängerung unserer selbst. Auf dem Bildschirm sind auch die Bilder verschwunden, haben einem konfusen farbigen Nebel Platz gemacht, einem komplizierten Geflecht sich jagender Auslassungspunkte, eine algebraische Berechnung unserer gegenseitigen Fremdheit. Und die Nacht zieht weiter draußen an den Fenstern vorbei, als verschließe sich die Zeit in ihrer inneren Beschaffenheit und drängte uns dabei zurück in die Tage unserer jeweiligen Einsamkeiten, als wir zwei einfache, zerstreute Passanten waren. Ich stelle mir vor, von all dem zu sprechen, uns unsere Geschichte zu erzählen, unsere Liebe, ihre Gesten, Worte, Ausdrücke und jedes ihrer körperlichen Gefühle, aber ich wollte, daß es der Fernseher an meiner Stelle erzählt. Mir würde es gefallen, glaube ich, eine richtige Fernsehserie anzusehen, die von dir und mir erzählte, besser, als ich es könnte.

Es dämmert, ein undeutliches blaues Licht sickert ins Zimmer. Die umstehenden Wohnhäuser treten allmählich aus dem gleichgültigen Dunkel hervor, ihre Umrisse könnten die einer rechteckigen Gebirgskette sein oder aber das Diagramm unserer Unterscheidung, auf Reispapier gezeichnet.

Wir sind die einzigen hier, bei denen um diese Uhrzeit noch das Licht brennt. Auch ich hätte Lust, in einer beliebigen Wohnung zu leben, in einer jener Familien, die nachts schlafen, um am Morgen aufzustehen, gemeinsam zu frühstücken und einander ohne Worte zum Mittagessen verabreden, und so weiter, ohne Zwischenfälle, ohne Gesagtes und ohne Ungesagtes.

Ich sage zu dir: »Weißt du, ich glaube, ich liebe dich, aber da ist etwas...« »Solche Geschichten dauern nicht lange, das muß man einsehen«, hast du geantwortet. Du wolltest wohl auf meine Homosexualität anspielen, als du hinzufügtest: »Der Junge im Bus war wirklich schön, auch ich hätte ihn geküßt. Ich weiß nicht, warum, aber seine Hände waren anders als unsere.« Ich habe zum Fernseher geblickt, der sich wieder belebte und Videoclips abspulte. Ich hätte gern, daß das alles nicht geschehen wäre: ein ärgerlicher, dummer Traum, den es zu verdrängen gilt.

Ich mache den Kaffee ganz langsam, versuche, mit diesem Ritual, innerhalb dessen jede Bewegung vorhersehbar ist, eine Pause auch für unsere Gefühle zu schaffen. Dann, während wir ihn stumm trinken, höre ich deutlich: »Kann passieren«, weiß aber nicht, ob du es warst, die gesprochen hat, oder jemand dort im Fernseher.

Richard Pietraß
Was mir zum Glück fehlt
Gedichte
112 Seiten. Fadenheftung.
Schön gebunden

Sylvia Plath
Zungen aus Stein
Erzählungen
Aus dem Amerikanischen von
Julia Bachstein und Susanne Levin
272 Seiten. Fadenheftung. Schön gebunden

Anne Stevenson
Sylvia Plath
Eine Biographie
Aus dem Amerikanischen von
Manfred Ohl und Hans Sartorius
620 Seiten. Fadenheftung.
Lesebändchen. Schön gebunden

Jochen Schimmang
Das Vergnügen der Könige
Erzählungen
168 Seiten. Fadenheftung.
Schön gebunden

Von Büchern & Menschen
180 Seiten. Kartoniert